Le tableau de vie

Catalogage avant publication de Bibliothèque et Archives nationales du Québec et Bibliothèque et Archives Canada

Williamson, Alain, 1958-

Le tableau de vie : une histoire inspirante pour réaliser la vie de vos rêves

ISBN 978-2-89436-335-5

1. But (Psychologie). 2. Réalisation de soi. I. Titre.

BF505.G6W54 2012   153.8   C2011-942524-6

Nous reconnaissons l'aide financière du gouvernement du Canada par l'entremise du Fonds du livre du Canada (FLC) pour nos activités d'édition.

Nous remercions la Société de développement des entreprises culturelles du Québec (SODEC) pour son appui à notre programme de publication.

Infographie de la couverture et mise en pages : Marjorie Patry
Révision linguistique : Amélie Lapierre
Correction d'épreuves : Michèle Blais

Éditeur : Les Éditions Le Dauphin Blanc inc.
        Complexe Lebourgneuf, bureau 125
        825, boulevard Lebourgneuf
        Québec (Québec) G2J 0B9 CANADA
        Tél. : (418) 845-4045   Téléc. : (418) 845-1933
        Courriel : info@dauphinblanc.com
        Site Web : www.dauphinblanc.com

ISBN : 978-2-89436-335-5

Dépôt légal : 1er trimestre 2012
        Bibliothèque nationale du Québec
        Bibliothèque nationale du Canada

Imprimé au Canada

Alain Williamson

Le tableau de vie

Une histoire inspirante
pour réaliser la vie de vos rêves

Le Dauphin Blanc

À Annie
et à toutes les « Annie » de ce monde…

Table des matières

Chapitre 1

C'était l'une de ces journées de septembre comme Fannie les aimait. Le soleil du petit matin dissipait la brume qui couvrait les champs à l'horizon, derrière la maison. Levée tôt, comme à son habitude, Fannie s'était rendue à l'écurie pour soigner ses deux chevaux, Big Boy et Starbuck. Tous les matins, elle les brossait, leur donnait du foin frais, leur apportait de l'eau et les libérait dans un petit pré clôturé. Ce matin-là, elle avait pris le temps de leur caresser le museau, de les taquiner un peu et de leur murmurer des mots à l'oreille. Tandis que ses chevaux s'élançaient dans le pré, Fannie respirait profondément l'air frais du matin, en admirant la nature autour d'elle.

Oui, c'était l'une de ces journées comme Fannie les aimait. C'était samedi et Fannie n'avait pas à aller au boulot. Habituellement, en ce jour de congé, elle profitait de la matinée pour relaxer avant d'entreprendre des corvées ménagères ou des travaux autour de la maison qui se terminaient souvent le dimanche. Puis, c'était le retour au travail. Le lundi amorçait la pénible traversée de la semaine jusqu'au samedi suivant.

Fannie occupait pourtant un emploi que bien des gens lui enviaient. Gestionnaire dans une entreprise de services publics, elle avait un revenu au-dessus de la moyenne – 65 000 $ par année –, de nombreux avantages sociaux et, bien sûr, l'indispensable fonds de pension. Sa famille était fière d'elle. Après tout, elle « gagnait » bien sa vie et son emploi était assuré. Que demander de plus ? Pour les gens autour d'elle, Fannie avait un bon travail et menait une belle vie. Au cours des dernières années, avec son conjoint, elle avait pu acheter une jolie maison au cachet vieillot, sur une terre de plusieurs arpents, posséder des chevaux (un rêve !) et se procurer la plupart des choses dont elle avait envie : de beaux vêtements à son goût, des gadgets technologiques et cet imposant camion aux bancs de cuir. Son travail lui permettait tout cela, et les autres lui répétaient à quel point elle avait de la chance d'avoir cet emploi.

Une seule ombre au tableau : Fannie n'aimait pas son travail.

Ce problème, qu'elle avait plus ou moins bien réussi à camoufler, tant aux autres qu'à elle-même, s'imposait de plus en plus alors que les années passaient. Si, au début, ce n'était qu'un léger malaise qu'elle engourdissait facilement chaque fois que sa paye était déposée dans son compte, c'était devenu, avec les années, un immense et triste sentiment de vide que même les fins de semaine, ces quelques bouées au fil du temps, n'arrivaient plus à combler.

Ce jour-là était justement un « samedi-bouée », au cours duquel Fannie – même si elle l'ignorait à ce moment-là – allait faire une rencontre qui bouleverserait sa vie et qui la conduirait à un carrefour majeur de son existence. Elle s'était inscrite à un atelier de croquis en nature pour toute la fin de semaine. Elle en profiterait pour s'évader un peu de la lourdeur du boulot et pour, espérait-elle, acquérir quelques « trucs » pour parfaire son art.

Fannie était une artiste dans l'âme. Talentueuse, elle avait orienté sa démarche en art vers la représentation de scènes de la nature et surtout d'animaux, notamment de chevaux, qu'elle affectionnait tout particulièrement. Elle n'avait jamais eu le temps de développer sa technique ni de produire de nombreux tableaux, ce qui ajoutait à sa frustration et à sa désolation, car Fannie rêvait de gagner sa vie en peignant. Évidemment, lorsque l'on travaille quarante heures par semaine, difficile de se consacrer à sa passion.

Fannie était spécialement excitée à l'idée de suivre cet atelier, car il se donnait à l'*Académie des arts en nature* fondée par David Marteens, un peintre dont elle admirait le travail et les œuvres. Ce dernier s'était révélé tardivement sur la scène des arts. Il avait plus de cinquante ans lorsque le public en entendit parler et découvrit ses œuvres. En moins d'une décennie, il devint l'un des peintres les plus reconnus et appréciés au monde. Ses toiles se vendaient dès qu'elles étaient terminées et à des prix dépassant plusieurs centaines de milliers de dollars chacune. Elles représentaient des oiseaux – sa grande spécialité –, mais également des scènes de la nature dont il était un fervent admirateur. En plus de ses toiles, Marteens tirait des revenus des reproductions de ses toiles, des cartes et des livres qu'il avait mis en marché. Devenu immensément riche avant ses soixante ans, il acheta un immense terrain puis fonda une académie pour susciter des talents en art visuel et un intérêt pour la nature chez les jeunes. À 88 ans, il ne produisait plus de toiles destinées au marché et il ne faisait plus aucune apparition publique. On disait de lui qu'il vivait seul, en ermite, mais personne ne savait où exactement. Plusieurs affirmaient qu'il vivait dans une modeste maison, cachée dans les bois qui ceinturaient l'académie qu'il avait fondée.

Quoi qu'il en soit, David Marteens représentait le rêve de Fannie. Secrètement, elle espérait arriver le plus vite possible à la retraite pour tenter ensuite de suivre les traces de son modèle.

Après son déjeuner, Fannie embrassa son amoureux, qui dormait encore – Hugo était agent de bord pour une importante compagnie aérienne et il était rentré d'un voyage tard la nuit précédente –, elle ramassa son matériel d'artiste et ses bagages et les déposa à l'arrière de son camion. Puis, elle prit la route pour un trajet d'une heure jusqu'à l'académie.

Sans le savoir, Fannie était en route vers sa destinée.

Chapitre 2

L'Académie des arts en nature était fidèle à la publicité que Fannie avait vue auparavant. Un immense bâtiment blanc orné de volets noirs trônait au milieu d'un grand et magnifique jardin où une variété de fleurs, d'arbustes et d'arbres entouraient des cascades d'eau et des étangs. Le site était grandiose. Au fond du jardin, un champ menait à un boisé. À l'intérieur du bâtiment, de nombreuses pièces à large fenestration servaient de salles de cours. La cuisine, la salle à manger et une impressionnante bibliothèque complétaient le rez-de-chaussée, tandis qu'à l'étage se trouvaient des chambres – plus d'une vingtaine – pour accueillir les visiteurs ou les participants aux différents ateliers.

Fidèle à sa double mission d'entreprise, l'académie offrait des ateliers d'arts – principalement de peinture et de dessin – et des cours d'initiation à la nature pour les jeunes et les adultes. Quinze personnes s'étaient inscrites à l'atelier de la fin de semaine. Après l'assignation des chambres, les participants avaient pris part à un premier atelier sur l'utilisation de l'ombre et de la lumière dans les croquis. Après un léger repas sur le coup de midi, tous avaient été invités à réaliser une esquisse selon ce qu'ils venaient d'apprendre à l'académie. L'animateur avait pris soin de spécifier que les participants devaient respecter les limites du jardin, règlement instauré par monsieur Marteens lui-même. Ce dernier tenait absolument à conserver à l'état sauvage la majeure partie de son domaine.

Les quinze participants s'étaient donc évertués à trouver un lieu original pour réaliser leurs croquis, mais ils se retrouvèrent pratiquement tous autour des étangs et des cascades d'eau, de sorte que leurs dessins présentèrent de nombreuses similitudes à la fin de l'activité, ce qui laissa Fannie plutôt insatisfaite.

Fannie aimait se démarquer et accomplir les choses à sa façon et surtout avec originalité. Elle détestait faire comme tout le monde.

C'est ainsi qu'après le dîner, elle profita de la soirée libre – certains participants avaient choisi de discuter entre eux, d'autres visionnaient des vidéos sur des techniques de dessin, mais Fannie était du genre solitaire – pour se promener jusqu'au fond du jardin et y repérer de quelle façon elle pourrait, lors de l'atelier du lendemain, se faufiler hors du jardin et pénétrer dans le boisé, afin de trouver un site différent pour réaliser son croquis. Bien sûr, elle enfreindrait le règlement de David Marteens, mais qui le saurait? De plus, elle était elle-même très soucieuse de la protection de la nature, car son père l'y avait initiée très jeune. Elle porterait attention à ne pas abîmer quoi que ce soit dans le boisé. De cette façon, elle aurait un croquis qui se démarquerait.

Ce soir-là, elle s'endormit avec en tête son plan pour s'esquiver du groupe et vraiment profiter de l'endroit.

Le lendemain, après un copieux déjeuner et un second atelier, les participants échangèrent des idées sur leurs esquisses de la veille. Puis, après un léger goûter, ils furent de nouveau invités à réaliser un second croquis et à se regrouper vers quinze heures trente afin de clore la fin de semaine.

Son plan en tête, Fannie s'éloigna des autres participants, qui s'éparpillaient autour des plans d'eau. Une fois au fond du jardin, à l'abri des regards, elle traversa le champ et pénétra dans le boisé, par une petite clairière sur la gauche. En avançant plus avant dans le boisé, elle découvrit un sentier qu'elle emprunta après avoir jeté un regard furtif derrière elle pour s'assurer que personne ne l'avait suivie ou repérée. Dès qu'elle fut rassurée, Fannie se détendit et profita du moment présent. Les lieux étaient splendides. Le boisé offrait de nombreuses clairières et laissait pénétrer les rayons du soleil, ce qui constituait un spectacle admirable. Après quelques minutes de marche, Fannie déboucha sur un magnifique petit lac, calme et limpide. D'impressionnants rochers recouverts de mousse bordaient le lac. Ici et là, des bosquets de fleurs sauvages coloraient le paysage.

Séduite, Fannie décida de s'asseoir et de réaliser son croquis à cet endroit. Elle était dans son élément : la nature, la solitude, la liberté, la paix et l'art. Envahie par un sentiment de bien-être comme elle n'en avait pas connu depuis très longtemps – et qui contrastait avec l'impression de vide qu'elle ressentait au travail –, Fannie s'abandonna à la plénitude du moment et se mit à griffonner, parfois dans de larges mouvements et d'autres fois par de petits coups de crayon précis, le croquis d'une portion de la rive du lac.

Totalement absorbée dans la réalisation de son dessin, elle n'entendit pas que quelqu'un venait à sa rencontre.

« J'espère que j'aurai au moins le privilège de conserver ce croquis », lança une voix derrière elle.

Fannie sursauta et se retourna. Un vieil homme s'approchait. Confuse, elle se leva, mais le vieil homme lui fit signe amicalement de se rasseoir. Il rejoignit Fannie d'un pas lent et, non sans effort, il s'assit sur un rocher à son tour.

« Ah, je me fais vieux », soupira-t-il.

Fannie crut reconnaître le vieil homme, qui s'empressa de reprendre la parole.

« Est-ce que vous savez qu'il est défendu de venir jusqu'ici ? demanda-t-il calmement.

– Euh… oui, je le sais, répondit Fannie, embarrassée. Je crois qu'il ne sert à rien que je vous serve l'excuse classique du genre "je me suis égarée", n'est-ce pas ? » ajouta Fannie, qui s'interrogeait toujours sur l'identité de l'homme.

Ce dernier rit de bon cœur, amusé de la réponse de Fannie.

« Dites-moi, jeune fille, quel est votre nom ?

– Fannie. Fannie Létourneau », répondit-elle, amusée à son tour de se faire appeler « jeune fille », ce qui ne lui arrivait plus souvent depuis qu'elle était dans la trentaine.

« Alors, Fannie, pourquoi êtes-vous venue jusqu'ici ? demanda le vieil homme.

— Pour tout vous dire, j'en avais assez de reproduire les mêmes paysages que tous les autres participants de l'atelier. Je voulais trouver un lieu moins fréquenté, qui me permettrait de réaliser un croquis différent des autres et de me démarquer. »

L'homme la regarda dans les yeux et demeura silencieux, comme s'il sondait l'âme de Fannie. Cette dernière soutint le regard du vieil homme et, cette fois, elle fut certaine de le reconnaître.

« Vous êtes David Marteens, le célèbre peintre, non ? » osa-t-elle.

Le vieil homme rit à nouveau de bon cœur.

« Vous pouvez m'appeler David. Pour ce qui est de la célébrité, je n'en ai que faire, croyez-moi. »

Fannie n'en revenait pas. Là, devant elle, se tenait son idole, celui qui incarnait son rêve le plus profond. Émue, elle bafouilla quelques paroles décousues.

« Wow, David Marteens… vos toiles, wow… je veux dire, quel talent… et votre carrière… formidable… j'admire votre œuvre… enfin, je vous admire aussi… »

Devant la mine amusée de David Marteens, qui écoutait le flot de paroles de Fannie, celle-ci se ressaisit.

« Oh, monsieur Marteens, euh… David, je veux dire… je suis désolée d'avoir enfreint le règlement et d'être venue ici. Je vous prie de m'excuser. Je vais rejoindre les autres.

— Attendez, Fannie, attendez », lui dit Marteens alors que Fannie allait se lever pour retourner à l'académie.

Hésitante au début, Fannie finit par accepter de rester encore un peu. Le vieil homme, d'un regard admiratif, scruta le lac quelques minutes.

« C'est beau, n'est-ce pas ? remarqua-t-il.

– C'est magnifique, David. Cet endroit est tout simplement extraordinaire, approuva Fannie.

– J'y viens tous les jours, si le temps le permet », ajouta David, toujours admiratif.

Fannie et David restèrent silencieux en contemplant le lac. Fannie, apaisée, se sentait envahie par un sentiment de communion avec tout ce qui l'entourait, incluant David.

Au bout de quelques instants, le vieil homme reprit la parole : « Ainsi, vous êtes l'une des participantes à l'atelier de l'académie ? »

Fannie acquiesça, d'un signe de tête, tout en ajoutant, un peu penaude : « J'espère que vous ne m'en voulez pas de ne pas avoir respecté votre règlement.

– Non, je ne vous en veux pas, Fannie.

– Merci, s'empressa de répondre Fannie, soulagée.

– Comprenez-moi bien, jeune fille. Je n'approuve pas en général le non-respect des consignes ou de l'intimité des gens. Cependant, il me faut reconnaître que vous avez agi pour les bonnes raisons. Votre intention n'était pas malveillante. Vous vouliez vous démarquer et vous avez suivi votre instinct. C'est la passion qui vous a poussée jusqu'ici, Fannie. Vous êtes une passionnée, je le vois dans votre regard et votre attitude. Il vous fallait aussi du cran pour passer outre le règlement et suivre votre élan intérieur. Je salue donc ces deux grands atouts que vous possédez : la passion et l'audace. Ils sont indispensables pour réussir. Puis-je voir votre croquis ? »

Médusée par les élogieux commentaires du peintre, Fannie lui tendit son dessin. David l'observa attentivement, en hochant doucement la tête de haut en bas.

« Vous avez du talent en plus, souligna-t-il. Il y a bien sûr du travail pour peaufiner ce beau talent, afin qu'il soit une expression de votre intérieur – à talent égal, c'est ce qui différencie un grand peintre d'un autre, lorsqu'il est capable de peindre à partir de ce qu'il porte en lui, de transposer ce qu'il est au plus profond de lui-même sur ce qu'il voit. Il peint alors la nature en y ajoutant une émotion, une âme. Il recrée la nature. Vous y êtes presque, Fannie. Ça se sent dans votre croquis. »

Heureuse, mais intimidée par les commentaires élogieux de David sur son dessin, elle le remercia.

David reprit : « Passion, audace, talent… Vraiment, vous avez tout ce qu'il faut pour réussir. Pourtant, votre nom m'est inconnu. Létourneau, m'avez-vous dit ? »

Fannie acquiesça d'un signe de tête.

« Je ne crois pas avoir vu un de vos tableaux en galerie. Vos œuvres sont-elles exposées quelque part ? Je ne sors plus beaucoup de chez moi, mais j'ai toujours la passion pour la peinture et je me tiens bien au fait de l'actualité dans ce domaine… »

Fannie baissa les yeux.

« Mes tableaux ne sont pas en galerie. En fait, je n'ai que très peu de tableaux. Plusieurs esquisses, de nombreux croquis, mais rien de vraiment concret à présenter », avoua-t-elle tristement.

Il y eut ensuite quelques minutes de silence, tandis que David Marteens observait Fannie.

« Franche en plus », finit-il par dire en essayant de trouver un point positif dans les aveux de Fannie. Cette dernière lui sourit en retour.

Il ajouta : « Dites-moi si je me trompe, Fannie. Vous nourrissez secrètement le rêve de consacrer votre vie à la peinture. D'ailleurs, vous êtes passionnée par la peinture. Quand vous en parlez ou, mieux, lorsque vous peignez, vous êtes totalement absorbée par le sujet et vous vous sentez bien, très bien même. Vous ressentez intérieurement une sorte d'appel, ou du moins un intense désir, voire un rêve de vivre de votre art. Mais voilà, vous êtes prise au piège dans un emploi qui, comme le dit si justement Cabrel dans l'une de ses chansons, vous « donne juste assez pour survivre et trop peu pour vous enfuir[1] », un

---

1. De la chanson *Ma place dans le trafic* de Francis Cabrel.

emploi qui vous paie bien probablement, mais qui exige en retour la majeure partie de votre temps, en tout cas, les plus belles heures de vos journées et les plus belles années de votre vie. Un travail correct, mais que vous n'aimez pas parce qu'il ne correspond pas à vos rêves, à ce que vous êtes. Alors, vous en êtes frustrée, et pour compenser, vous achetez à peu près tout ce qui peut vous donner un peu de bonheur. Cela dit, ces bonheurs sont passagers et, au bout du compte, vous vous sentez coincée, piégée. Vous espérez qu'un jour, tout cela changera. Et rien ne change, évidemment, car vous n'apportez aucun changement à votre vie. Alors, vous vous rabattez sur la retraite, en espérant qu'elle arrive le plus tôt possible. Peut-être qu'à ce moment, s'il vous reste suffisamment de temps, et si vous avez la santé, vous pourrez peindre pendant quelques années. »

David se tut. Abasourdie, Fannie n'en revenait pas. David venait de décrire sa vie.

« Comment savez-vous tout cela de moi ? demanda-t-elle, les yeux dans l'eau.

– Disons que vos paroles et vos silences en disent long. Puis, je crois que huit personnes sur dix sont dans la même situation que vous. »

David fit une courte pause, en observant Fannie avec compassion. « Je le sais surtout parce que j'ai vécu exactement le même scénario il y a quarante ans. Alors, je ressens et je comprends parfaitement ce que vous vivez, Fannie, reprit-il.

– Vous ? Avec le talent que vous aviez ? Et la carrière que vous avez connue ? reprit Fannie, étonnée.

– Oh ! oui, moi. Il m'a fallu 48 ans pour oser faire ce que je voulais vraiment faire. »

Fannie, qui avait tellement lu au sujet de David Marteens, comprit alors pourquoi personne n'avait entendu parler de ce peintre avant ses cinquante ans environ. Vive d'esprit, Fannie vit une occasion à saisir.

« David, je vous en prie, aidez-moi à transformer ma vie comme vous l'avez fait vous-même. »

David Marteens eut un regard de bienveillance et un sourire de tendresse.

« Chère Fannie, vous avez en plus l'humilité de demander de l'aide. Vous me plaisez beaucoup. Oui, je veux bien vous aider. J'accepte de vous parler de mon cheminement et de ce que j'ai compris de la vie, en espérant vous insuffler l'élan pour vivre la vie dont vous rêvez, car c'est l'un des plus grands bonheurs qu'un être humain puisse connaître. Pouvez-vous vous libérer de votre travail pour un temps ? »

Fannie secoua la tête. « Je ne peux pas m'absenter plusieurs jours consécutifs, mais je crois que je peux obtenir quelques vendredis de congé.

– Excellent ! Retrouvez-moi ici, vendredi prochain, disons à neuf heures. Cela vous va ?

– J'y serai, David. Je vous remercie, dit Fannie avec fébrilité.

– J'avertirai le directeur de l'académie de votre visite. Ainsi, vous n'aurez plus à vous esquiver secrètement, dit David en souriant. Allez, maintenant. La clôture de l'atelier doit déjà être commencée. »

Fannie embrassa David sur la joue et se hâta de retourner à l'académie. Dès que l'atelier fut terminé, elle reprit la route, le cœur battant. Elle rigola, en repensant à la tête des autres participants, qui se demandaient où elle avait bien pu dénicher un tel site, et au regard désapprobateur de l'animateur qui avait deviné son stratagème.

Surtout, elle se sentait légère en repensant à David et à leur conversation. Et si cette lueur au bout du tunnel était la bonne cette fois…

La vie de Fannie avait bifurqué vers sa destinée. Elle l'ignorait alors, mais elle en avait le pressentiment.

Chapitre 3

*L*a semaine avait été exécrable. Pourtant, elle avait si bien commencé. Nourrie d'un enthousiasme nouveau, Fannie était entrée au boulot de fort bonne humeur. Comme son conjoint était reparti sur un vol reliant Rome, avant son retour à la maison, Fannie n'avait pu parler à personne de sa fameuse rencontre avec l'illustre peintre David Marteens et de l'occasion qui se présentait à elle. Le cœur débordant d'optimisme, elle avait ressenti le besoin de se confier à sa seule amie au bureau, Jennice.

Tout comme Fannie, Jennice dirigeait une équipe de l'entreprise de services publics. Cinq personnes étaient sous ses ordres, comparativement à quatre pour Fannie. Elle était entrée en poste en même temps que Fannie et toutes les deux avaient gravi les échelons, au cours des mêmes années. Elles s'étaient liées d'amitié et étaient devenues, l'une pour l'autre, des aides et des confidentes. Tout comme Fannie qui rêvait de vivre de son art, Jennice rêvait de s'adonner à temps plein à sa passion : la cuisine. Cuisinière hors pair, elle s'imaginait souvent développer et commercialiser sa propre ligne de repas santé pour gens « pressés ». Elle était douée pour concocter des mets bien équilibrés et savoureux, et Fannie pouvait en témoigner, car elle avait la chance de goûter tout ce que Jennice préparait chez elle. Les heures de dîner leur servaient de refuge, îlots de quiétude dans l'océan des longues heures de travail.

Dès le lundi, à midi, il sembla naturel à Fannie de parler de sa fin de semaine avec Jennice, qui avait bien remarqué l'enthousiasme inhabituel de son amie. Après lui avoir tout raconté, Fannie demanda à Jennice ce qu'elle en pensait.

« Ne te fais pas d'illusion, ma vieille. Ton bonhomme, il a eu de la chance, voilà tout. Il est une exception.

– Tu crois ? demanda Fannie, étonnée.

– Évidemment ! Sinon, tout le monde arriverait à faire la même chose. Crois-moi, tu vas perdre ton temps et revenir déçue.

— Mais, si c'était mon jour de chance ?

— Fannie, notre jour de chance sera celui de notre retraite, dans quinze ans, ou plutôt quatorze ans, onze mois et… attends voir… euh… 230 jours, précisément. »

Fannie resta silencieuse.

« Tiens, goûte-moi plutôt ça », reprit Jennice en lui offrant un mets qu'elle avait préparé la veille. « Ça ferait fureur sur le marché, non ? Ah, ce que je peux avoir hâte à ma retraite… »

Fannie n'entendit pas le reste. Son enthousiasme naissant était fragile et les propos de Jennice l'avaient facilement miné.

Dans l'après-midi, Fannie avait rencontré la directrice de son service, madame Johansen, pour lui demander la permission de prendre quelques vendredis de congé au cours des prochaines semaines. Fannie détestait devoir demander la permission de s'absenter. Avec son esprit fier et indépendant, elle avait le douloureux sentiment de ne pas être maître de son temps, de sa vie. Elle détestait cela, d'autant plus que la directrice était une femme autoritaire, plutôt froide et orientée avant tout sur la performance. Elle exigeait beaucoup de ses chefs d'équipe, qui devaient à leur tour mettre une pression sur les épaules de leurs équipiers, ce que Fannie acceptait difficilement.

« Pourquoi ? » avait sèchement demandé madame Johansen.

Fannie hésita, ne sachant pas si elle devait dévoiler la raison à sa directrice. Cela dit, elle opta finalement pour la franchise et lui raconta brièvement sa rencontre avec le peintre et leurs rendez-vous éventuels au cours des prochains vendredis, précisant bien qu'il lui restait encore plusieurs jours de congé à prendre.

La directrice l'écouta sans aucune émotion. Après quelques secondes de réflexion, qui parurent une éternité à Fannie, qui était toujours intimidée par de telles personnes, madame Johansen trancha : « D'abord, Fannie, sache que les jours de congé doivent être autorisés par les directeurs. Ce n'est donc pas parce que tu as en banque quelques jours de vacances que tu peux les prendre à ta guise. »

Fannie fit un signe de tête signifiant à la directrice qu'elle comprenait et se soumettait à cette règle.

« Ton équipe ne performe pas aussi bien que les autres, Fannie. Tu dois augmenter la cadence de production de rapports au sein de ton groupe. Normalement, à ce temps-ci de l'année, je devrais refuser ta demande, mais je vais passer un marché avec toi. Je t'accorde tes trois prochains vendredis de congé, ce qui nous mène à la fin septembre. En contrepartie, tu t'engages à fouetter ton équipe et à lui imposer un rythme de production plus soutenu. Ton équipe devra avoir amélioré sa performance d'au moins 25 % d'ici la fin du mois.

Fannie était estomaquée. Un rapide calcul lui permit de comprendre que chacun des membres de son équipe devrait produire cinq rapports de plus par semaine, soit un par jour.

« C'est considérable, madame Johansen.

– C'est ce que réalisent les autres équipes, Fannie.

– Mes équipiers travaillent fort, vous savez.

– De toute évidence, ce n'est pas assez. Trouve un moyen de leur faire déployer plus d'efforts. »

Fannie évalua la situation. C'est ainsi qu'après quelques jours seulement, elle faillit abandonner l'idée de rencontrer David Marteens et renoncer une fois de plus à son rêve. Pourtant, même si son enthousiasme était meurtri et passablement amoindri, Fannie refusa d'abdiquer. De plus, même si elle allait devoir, à contrecœur, exiger plus des membres de son équipe, elle accepta la condition de sa directrice.

« Bien, répondit madame Johansen. Je m'attends donc à de meilleurs résultats de ton équipe d'ici la fin du mois.

– Oui, madame Johansen », répondit Fannie, à la fois contrariée et soumise.

Alors que Fannie allait quitter le bureau de la directrice, celle-ci lui adressa un dernier conseil : « Fannie, ne perds pas de vue la réalité.

Tu peux t'amuser à tes trucs de peinture, mais tu as un travail à faire avec nous. Et tu es bien payée pour le faire. Ça, c'est la réalité. Tâche de garder les pieds sur terre. Nous misons sur toi, Fannie. Tu as du potentiel. Nous avons des plans pour toi. »

Fannie remercia madame Johansen et referma la porte derrière elle, en soupirant.

En fin de journée, elle réunit les gens de son équipe et leur expliqua les nouveaux objectifs. Comme elle s'y attendait, les gens maugréèrent, faisant valoir qu'ils travaillaient déjà souvent tard le soir et qu'ils pouvaient difficilement en faire plus, sans l'ajout d'une personne. Ils rappelèrent tous à Fannie que les suppressions de postes de l'an dernier leur avaient enlevé un coéquipier, mais qu'on exigeait d'eux qu'ils produisent plus malgré tout.

Fannie savait tout cela et, intérieurement, elle pensait comme eux. Cependant, elle dut hausser le ton et se montrer plus autoritaire. La rencontre se termina dans le mécontentement. Seul Robert sembla accepter la situation. À un an de la retraite, ce dernier voyait sans doute les choses différemment. Puis, il avait toujours appuyé Fannie, même si elle avait vingt ans de moins que lui. Peut-être que parce qu'il savait sa libération proche, il acceptait plus facilement l'autorité.

Lorsque Fannie rentra chez elle, tard en soirée, elle pleura. Elle pleura sa frustration, sa colère, sa situation, ses obligations… sa vie.

Elle se coucha, épuisée, en se demandant ce que son amoureux pourrait bien penser de tout cela. Ils s'appelleraient sans doute le lendemain. Elle avait hâte de lui parler de ce qu'elle avait vécu au cours des derniers jours.

Affligée d'une pénible migraine, déprimée et seule, Fannie s'endormit, incertaine de sa destinée.

Chapitre 4

*L*e reste de la semaine s'était déroulée dans la frustration, la tension et la pression. La semaine avait fini par ressembler à toutes les autres, malgré l'optimisme du début. Pour couronner le tout, Hugo n'avait démontré aucun enthousiasme par rapport au projet de Fannie de rencontrer le vieux peintre. Pesant bien ses mots, il avait fait part à Fannie de sa crainte qu'elle soit blessée par l'illusion et du fait qu'il ne croyait pas qu'elle devait fonder de grands espoirs sur Marteens. Il préféra l'encourager par rapport aux objectifs à atteindre avec son équipe.

Sa réaction mitigée avait contribué à freiner un peu plus l'enthousiasme de Fannie. De toute façon, ils en reparleraient au retour d'Hugo, le samedi suivant.

Jusqu'au moment de se coucher, jeudi soir, Fannie était hésitante à se rendre au rendez-vous fixé par David Marteens. Toutefois, au réveil, le vendredi matin, elle se dit qu'elle n'avait rien à perdre et décida de rencontrer le peintre au moins une fois. Après, elle verrait bien si ça valait la peine de continuer.

Elle gara son véhicule devant l'académie. Il était neuf heures pile. Le directeur de l'académie, Marcel, un ami intime de David Marteens, l'accueillit et lui dit qu'il était au courant de son rendez-vous avec David. Il l'invita à aller rejoindre le peintre et lui fit un clin d'œil sympathique en lui souhaitant une bonne journée.

Fannie traversa le jardin puis le champ et pénétra finalement dans le boisé. Le soleil était doux en cette belle matinée. Fannie retrouva le calme de la forêt, et son esprit s'apaisa quelque peu. Au bout de quelques minutes, elle parvint au site de sa première rencontre avec le peintre. Il était déjà là et admirait le lac.

« Bonjour, David », lança-t-elle.

Le peintre se retourna.

« Ah, Fannie, bonjour ! »

Il lui fit la bise et la regarda droit dans les yeux. Son regard était lumineux. De toute évidence, il était ravi de revoir Fannie.

« Je suis heureux de vous revoir, Fannie. Pour être franc, je n'étais pas certain que vous viendriez.

– Pour être franche à mon tour, jusqu'à mon réveil, ce matin, je n'en savais rien non plus.

– Je sais, c'est toujours ainsi.

– Que voulez-vous dire ? demanda Fannie, étonnée.

– Chaque année, au cours de nombreux séminaires à l'académie, quelques participants s'aventurent jusqu'ici, comme vous l'avez fait. J'ai donc pris l'habitude de venir à leur rencontre. En me voyant ou parfois en m'entendant approcher, plusieurs s'enfuient sans même me saluer. Ils ont peur des représailles. D'autres prennent le temps de s'excuser et de me fournir une explication abracadabrante sur leur présence ici et s'en retournent sans rien demander. Tous ces gens ont osé, mais n'ont pas été au bout de leur démarche. Ils n'ont tout simplement pas vu l'occasion qui se présentait à eux. D'autres font comme vous. Ils saisissent l'occasion et je leur propose des rencontres, parfois pour améliorer leur art, d'autres fois pour les aider à trans-former leur vie. Même là, seulement une personne sur trois revient pour me rencontrer. Alors, je n'étais pas certain que vous étiez cette personne.

– Pourquoi ces gens ne saisissent-ils pas la chance qui se présente à eux ? demanda Fannie.

– Pourquoi avez-vous failli ne pas venir ? » lui retourna David.

Fannie réfléchit pendant quelques instants.

« À cause de l'opinion des autres, je crois. Les quelques personnes à qui j'en ai parlé ne m'ont pas du tout encouragée. Au contraire, elles ont plutôt torpillé mon enthousiasme, répondit-elle avec franchise.

– Il en va presque toujours ainsi. Certains ne saisissent pas les occasions parce qu'ils ont peur…

– Peur ? interrompit Fannie.

– Oui, mais nous en reparlerons le moment venu, car ne vous leurrez pas, Fannie. Si vous empruntez le chemin de votre destinée, vous devrez à un moment ou à un autre affronter la peur. Pour l'instant, revenons à l'opinion des autres. »

Fannie acquiesça d'un signe de la tête.

« Votre vie vous appartient, Fannie. Il ne tient qu'à vous d'en faire ce que vous voulez. Les autres ont leur vie bien à eux. Mais, comme la plupart des gens, ils passent plus de temps à s'occuper de la vie des autres que de la leur.

– Cependant, les gens qui ont émis leur opinion ne l'ont pas fait méchamment. Ils m'aiment, vous savez, et ils veulent mon bien, se défendit Fannie.

– Évidemment ! Les gens sont rarement des "éteigneurs" de rêves volontairement.

– Des éteigneurs de rêves ? reprit Fannie, surprise par le terme.

– Je les appelle ainsi, dit David en riant. En fait, nous vivons dans une société où la plupart des gens sont des éteigneurs de rêves. Pourtant, les gens sont bien intentionnés, comme vous le faites re-marquer. Ils souhaitent vous éviter de souffrir. Étrangement, ils le font en vous encourageant à rester dans votre souffrance actuelle. Joli paradoxe, non ? Mais, ne vit-on pas dans une société remplie de paradoxes ! »

Fannie resta silencieuse, pensive. David ressentit l'émoi intérieur de Fannie.

« C'est un constat difficile à faire, ajouta David, je vous l'accorde. La plupart des gens se laissent mener par l'opinion des autres. En fin de compte, ils n'auront pas vécu la vie qu'ils devaient vivre. Une destinée de plus qui ne s'épanouira jamais. »

De nouveau, Fannie était pensive. Au bout de quelques minutes, elle se confia.

« Quand je repense à ma vie, il est vrai que l'opinion des autres a toujours influencé ma vie et mes choix.

– C'est parfois si subtil, vous savez. L'éducation reçue, l'école, la société, les publicités, les valeurs familiales, les parents, les amis, les frères et les sœurs, les collègues de travail… Voilà autant d'influences et d'opinions qui pèsent lourd sur chacun de nous. Alors, avant chaque choix ou chaque décision, nous nous demandons ce que les autres en pensent, ce qu'ils nous conseillent ou ce qu'ils feraient à notre place. Pourtant, la seule question à se poser, Fannie, est la suivante : "Qu'est-ce que je veux faire de ma vie ?" »

David laissa Fannie assimiler ses paroles. Au bout de quelques minutes, d'un geste délicat, il releva la tête de Fannie qui fixait désespérément le sol et lui demanda en la fixant avec tendresse : « Fannie, comment voulez-vous que soit votre vie ? Que voulez-vous faire de votre vie ? Qui voulez-vous être ? »

Des larmes roulaient sur les joues de Fannie, incapable de répondre, incapable d'oser exprimer ce qu'elle voulait être, même si elle le savait que trop bien intérieurement. David comprit toute la détresse de Fannie. Avec sagesse, il savait qu'il fallait d'abord que Fannie reconnaisse sa situation, la regarde bien en face et décide de changer sa vie avant de pouvoir choisir ce qu'elle voulait faire. Il y avait en Fannie un barrage, un mur, qui retenait une immense peine, et tant que ce mur cacherait la réalité de sa vie actuelle, Fannie ne pourrait rien changer.

David lui posa une question-choc qui frappa lourdement sur le mur à l'intérieur d'elle.

« Fannie, êtes-vous heureuse ? » lui a-t-il demandé lentement, mais fermement.

Fannie plongea dans le regard bienveillant de David. Le flot de larmes augmenta. Et là, dans le silence de la forêt, loin de l'opinion des autres, loin de toute pression, à l'abri des regards, Fannie explosa.

« Non ! lança-t-elle en sanglotant de plus belle. Non, je ne suis pas heureuse… »

David accueillit la confidence de Fannie sans broncher. Il lui posa une seconde question, qui frappa de nouveau lourdement sur sa muraille intérieure.

« Fannie, voulez-vous continuer à être malheureuse ou désirez-vous être heureuse ? »

Fannie pleura de plus belle.

« Je veux être heureuse, David. Je veux être heureuse », cria-t-elle presque au milieu des sanglots.

David martela de nouveau le mur de Fannie.

« Que vous faut-il changer dans votre vie pour être heureuse ?

– Je ne fais pas ce que j'aime, répondit Fannie sans hésiter. Ma vie professionnelle ne me ressemble pas. Je dois changer de carrière.

– Quand allez-vous le faire ? »

Cette fois, Fannie hésita. Elle ne savait pas quoi répondre. David reprit aussitôt : « Réalisez, Fannie, qu'il n'y a pas un autre moment que l'instant présent. Décidez maintenant que vous changez votre vie, pas demain, pas un beau jour lointain, mais là, maintenant. Ne faites pas que souhaiter changer. Décidez-le. C'est le premier pas. Soyez consciente que si vous ne prenez pas maintenant cette décision, demain et après-demain seront comme aujourd'hui qui, lui, était comme hier. »

Les sanglots de Fannie se calmèrent. David avait abattu le mur de Fannie. Il lui fit prendre conscience de son état actuel et l'amena jusqu'à la décision de changer. La muraille qui emprisonnait la destinée de Fannie venait de s'effondrer. Tout était dorénavant permis.

Chapitre 5

« *C*omment faire pour changer ma vie, David ? demanda Fannie, apaisée. Dites-moi comment faire, je vous en prie ».

David sourit.

« Je ne peux vous dire comment vous y prendre, Fannie. Vous seule devez définir ce que vous voulez et élaborer votre plan pour y parvenir. Je ne puis que vous raconter mon histoire, si elle peut vous inspirer… »

Fannie aurait souhaité que David lui trace la voie à suivre, lui définisse les étapes à franchir, mais le vieux peintre était trop respectueux pour imposer des choix à qui que ce soit.

« … et vous partager ce que j'ai compris sur la longue route de ma vie, continua David. Venez, marchons un peu si vous le voulez bien. Le sentier se poursuit jusqu'à ma demeure. Vous verrez, la nature est superbe tout au long du sentier », proposa David.

Fannie et David empruntèrent le sentier et marchèrent côte à côte. D'une voix calme et posée, David raconta son histoire à Fannie.

« Il m'a fallu bien du temps pour réaliser ce que vous-même vous réalisez aujourd'hui, Fannie. J'avais 48 ans à l'époque…

– Dix de plus que moi ! interrompit Fannie.

– Il m'a fallu plus de temps que vous alors, dit-il en riant, avant de poursuivre. À l'époque, je travaillais depuis quinze ans pour une multinationale qui se spécialisait dans des produits de laboratoire. J'étais directeur de la promotion. Mon esprit créatif m'avait aidé à atteindre ce poste. Mes conditions étaient très bonnes. Je gagnais à l'époque 40 000 $ par an. N'oubliez pas qu'il y a quarante ans de cela. C'était toute une somme, croyez-moi. En dollars d'aujourd'hui, je dirais que ça correspondait à un salaire d'au moins 80 000 $. C'était bien payé et je ne manquais de rien sur le plan matériel. D'ailleurs, je ne me privais de rien. Je gagnais beaucoup et je dépensais beaucoup aussi, de sorte que j'avais peu d'économies. Puis, l'entreprise avait instauré les cotisations à un fonds de retraite durant les cinq dernières années. Alors, je me disais que ma retraite serait assurée par ce régime de fonds de pension. »

David s'interrompit et s'immobilisa, invitant Fannie à faire de même. Il désigna un arbre. « Regardez ce chêne, n'est-il pas magnifique ? »

Fannie observa le chêne qui était tout tortueux et croche, ce qu'elle fit remarquer à David.

« Exactement. Il est spécialement tortueux alors qu'habituellement, un chêne pousse droit, d'où l'expression que vous connaissez sûrement : "Être droit comme un chêne." Mais voilà, les chênes droits et parfaits tombent souvent sous la scie des bûcherons, car on peut y tailler de belles planches droites pour la construction, tandis que les chênes croches et tortueux sont laissés pour compte et poussent tranquillement durant des années et des années. L'imperfection a parfois un bon côté, non ? »

David reprit la marche, suivi de Fannie, amusée de cette parenthèse riche de sens.

« Revenons à mon histoire. Tout aurait donc pu continuer ainsi. De l'extérieur, je menais une belle vie, enfin, selon ce que les gens définissent habituellement comme une belle vie. Cependant, intérieurement, j'étais terriblement malheureux, car j'avais une passion, la peinture, et le talent pour nourrir cette passion. Adolescent, déjà, je rêvais de devenir peintre. J'avais l'impression, ou le sentiment pour être plus précis, que mon art pourrait élever la vie des gens, l'embellir en quelque sorte. C'était un appel intérieur immensément puissant. Je voulais, par mes toiles, rendre les êtres humains plus près de la nature. J'étais écologiste bien avant tout le monde. Avec les années, j'ai compris que c'était ma mission, ma destinée, mais à l'époque, tout ce concept était flou.

– Pourquoi n'avez-vous pas suivi cet appel ? demanda Fannie.

– Pourquoi ? soupira David. Il y a tant de raisons, tant de "bonnes" raisons par lesquelles je justifiais mon inertie. Venant d'un milieu ouvrier et pauvre, vous comprendrez que l'on ne m'a jamais encouragé dans la voie des arts. On m'a plutôt poussé à trouver un travail qui me permettrait de gagner ma vie, tout simplement. J'ai rapidement compris qu'il valait mieux ne pas parler de mon rêve et tenter d'enfouir tout cela dans le coffre des rêves oubliés.

— Qu'avez-vous fait par la suite ?

— Comme tout le monde, je crois. Je me suis trouvé un boulot puis un autre, et ainsi de suite, jusqu'à celui que j'ai occupé à la multinationale. Entre-temps, je m'étais marié. La vie de monsieur et madame Tout-le-Monde, quoi.

— Vous aviez abandonné la peinture ? demanda Fannie.

— Pas tout à fait. Je peignais une toile à l'occasion. Mon entourage disait que c'était un bien joli passe-temps. Pour moi, c'était ma passion, et non seulement un passe-temps. Moi, je voyais plutôt le temps qui passait et mon rêve qui s'éloignait toujours un peu plus. Au bout d'un temps, je ne peignais presque plus, car chaque toile que je réalisais me rappelait cruellement mon talent, mon appel intérieur. Chaque tableau devenait une blessure à l'âme. Je voulais éviter d'y faire face. J'ai tenté de poursuivre ainsi, mais mon malaise intérieur grandissait jusqu'à devenir un immense vide. J'étais aigri, amer, colérique, envieux. Je rentrais du boulot avec une humeur massacrante. C'est ma femme qui subissait toute mon aigreur. Ma vie de couple était en péril.

— Que s'est-il passé pour que vous changiez la situation ? s'enquit Fannie, qui reconnaissait la trame de sa vie dans celle de David Marteens.

— Pour chacun, il y a un élément déclencheur que l'on voit d'abord comme une épreuve, mais qui s'avère finalement salutaire si l'on en saisit le message. Ce peut être un événement, une maladie, un drame, une rencontre, peu importe. Pour moi, ce fut le départ de ma femme.

— Elle est morte ? s'étonna Fannie.

– Non, elle m'a quitté. Elle n'en pouvait plus de vivre avec ma hargne et mes frustrations. J'ai voulu alors lui parler de ce que je vivais, mais c'était trop tard. Mon désespoir intérieur avait fini par tuer notre amour. Elle est partie, et elle avait bien raison de le faire. J'étais devenu invivable.

– J'ai peine à le concevoir, David. Vous me semblez si calme et doux.

– C'est parce qu'aujourd'hui, je vis la vie dont j'ai toujours rêvé, et j'en suis heureux. Avant, j'étais malheureux comme tout. Et lorsque nous sommes malheureux, nous devenons aigris et notre existence en est troublée. »

Fannie était pensive. Sur bien des points, l'histoire de David ressemblait à la sienne, mais elle n'avait pas encore atteint le bas-fond que David semblait avoir touché.

« C'est alors que vous avez changé votre vie ? » demanda-t-elle, au bout de quelques minutes.

David soupira, en laissant échapper un rire à peine retenu.

« Eh bien, croyez-le ou non, pas du tout, répondit franchement le peintre.

– Ah non ? s'étonna Fannie.

– Curieusement, ce qui m'avait rendu si aigri et avait ruiné ma vie affective me semblait être ma seule bouée de sauvetage. Je croyais qu'il ne me restait que mon travail. En fait, pour tout vous dire, c'est au salaire que je m'accrochais. Je ne pouvais pas envisager de vivre sans la paye que je recevais chaque semaine. L'argent me permettait bien des gâteries, inutiles, bien sûr, mais qui engourdissaient mon mal de vivre.

– Combien de temps cela a-t-il duré ?

– Oh, tout près d'un an.

– Que s'est-il passé ? s'enquit de nouveau Fannie.

– Ma santé mentale se détériorait. J'étais sur le point de faire une dépression. Mon docteur m'a dit que je faisais une sévère déprime. Il m'a également diagnostiqué un ulcère à l'estomac. Bref, j'étais mal en point, et si je ne changeais rien à ma vie, mon docteur ne me prédisait rien de bon. »

David s'arrêta et invita Fannie à s'asseoir sur un banc de bois près d'un étang. Au bout de quelques minutes, il reprit : « J'ai alors commencé une longue réflexion sur ma vie, au terme de laquelle je ne pouvais plus me mentir. Je détestais mon emploi, j'étais frustré en constatant que je gaspillais mon talent, et ma vie personnelle n'était qu'un amas de ruines. Et tout ça pour quoi, Fannie ? »

Fannie fut surprise par la question de David, qui la mettait face à elle-même. Sans lui laisser le temps de répondre, il poursuivit.

« Pour un salaire, Fannie. Voilà pour quoi. Pendant des années, je m'étais dit que je ne pouvais tout de même pas renoncer à ce salaire au-dessus de ce que les autres gagnaient. Mais c'est à ma vie que je renonçais. Est-ce que mon salaire me rendait heureux ? Pas du tout. Il engourdissait la douleur intérieure chaque fois qu'il me permettait un achat quelconque. Mais le bonheur, le vrai, la sensation de vivre pleinement, le sentiment de choisir ma vie et de faire ce pour quoi j'étais né, tout cela, je n'en connaissais rien. J'ai compris à ce moment qu'aucun salaire, si élevé soit-il, ne pouvait m'apporter tout cela.

– Avez-vous démissionné ? demanda Fannie, avide de connaître la suite.

– J'ai failli, mais je me suis ravisé.

– Ah bon… », dit Fannie avec étonnement.

Sans broncher, David poursuivit.

« Je n'avais pas les moyens de démissionner comme cela. Alors, j'ai élaboré un plan. Je me suis fixé une date de départ un an plus tard. Puis, durant l'année que j'allais devoir encore tenir le coup au boulot, j'ai décidé de transformer ma vie.

– Qu'avez-vous fait exactement ?

– Mon but était d'amasser une somme qui me permettrait de vivre une année entière sans autre revenu. J'avais quelques économies. À mon départ, je retirerais mon fonds de pension, qui n'était pas très élevé cependant, et j'ai conçu un budget pour épargner le double de mes économies. Concrètement, j'ai vendu ma voiture de luxe et je m'en suis procuré une beaucoup moins dispendieuse. J'ai aussi réduit mes dépenses en biens de toutes sortes et en sorties au restaurant. Mon budget exigeait des sacrifices de ma part, mais j'avais dorénavant un but et j'étais déterminé à transformer ma vie. En même temps, je me suis aménagé, dans mon horaire, du temps pour peindre. J'avais planifié entre autres de produire des cartes de souhaits et des reproductions à partir de mes toiles. Ça me demandait un léger investissement, mais je me disais que les revenus que je tirerais de la vente de ces produits m'aideraient à vivre. J'ai aussi planifié d'offrir des cours de peinture. Voyez-vous, Fannie, je me suis fait un plan d'action, et je l'ai suivi.

– Mais ce n'est tout de même pas ainsi que vous êtes devenu un peintre aussi célèbre ? » objecta Fannie, qui se souvenait des paroles de Jennice concernant la chance de certains individus.

David rit de bon cœur.

« Pas tout à fait, vous avez raison, mais la suite de mon histoire est encore plus intéressante. »

David se tut et regarda vers le soleil.

« Dites donc, je parle, je parle, mais le temps file. Il sera midi sous peu. Allez, reprenons notre marche. Ma demeure n'est qu'à quelques dizaines de mètres d'ici. Nous pourrons y casser la croûte et poursuivre notre discussion. »

Chapitre 6

avid servit des fromages, du pain, des raisins et quelques légumes. Il déboucha une bouteille de vin et invita Fannie à s'asseoir à la table, près de la grande fenêtre principale. De cette fenêtre, les invités à la table de David avaient une splendide vue sur un petit lac.

Fannie avait été surprise de la sobriété de la demeure. Après tout, David Marteens était une célébrité de la peinture et on le disait immensément riche. Par contre, le peintre avait expliqué à Fannie qu'une fois que l'on peut tout s'acheter ou presque, on découvre que l'essentiel est bien souvent plus modeste qu'on l'aurait cru. Marteens tenait avant tout à être retiré du bourdonnement de la vie active et à être entouré de la nature. Pour le reste, un confort tout simple lui convenait. « Au lieu de payer des fortunes pour des manoirs ou des résidences de luxe, j'ai préféré utiliser mon argent pour améliorer la vie des autres. Mais ça, c'est un autre sujet. Revenons plutôt à mon histoire, si vous le voulez bien, avait-il dit.

– Volontiers, répondit Fannie en savourant le goûter du midi. Je suis curieuse de savoir comment vous êtes parvenu à devenir celui que vous êtes maintenant. »

David éclata de rire. « Vous savez, j'ai toujours été le même, mais il m'a fallu longtemps pour le découvrir. »

Il prit une gorgée de vin et continua : « Toujours est-il que pendant une année, je me suis concentré sur mon plan. J'avais réussi à accumuler l'argent pour vivre au moins durant l'année suivante, sans salaire. De plus, j'avais produit passablement de toiles, desquelles j'avais tiré des reproductions et des cartes. L'année s'acheva et je dus faire face à mon choix.

– Aviez-vous peur d'aller de l'avant ?

– Peur ? Ma chère Fannie, j'étais terrifié, complètement terrifié. Cependant, avais-je vraiment le choix ? J'avais perdu tant de belles années déjà. J'étais malheureux à mon emploi. Ma vie n'était pas celle dont je rêvais. Refouler mon rêve encore plus longtemps m'aurait conduit à la dépression… à la maladie peut-être… je ne sais pas ce qui serait arrivé de moi. D'ailleurs, que me restait-il de cette vie ? Si peu, croyez-moi. Quelques milliers de dollars dans un fonds de pension, quelques biens matériels, un immense vide intérieur… et la rupture de mon mariage. Je m'étais rendu à l'évidence déjà : ma vie était une impasse. Je devais poursuivre mon rêve, malgré la peur, car c'était ma seule porte de sortie. J'ai donc démissionné de mon emploi et je me suis lancé dans une nouvelle carrière.

— Vous avez été audacieux…

— Audacieux ? Je ne crois pas. Les audacieux sont ceux qui quittent tout du jour au lendemain pour entreprendre autre chose. Je n'avais pas ce cran ou cette folie. Je préférais planifier ce changement pour me donner plus de chances de le réussir. Alors, ai-je été audacieux ? Non ! *Courageux* ? Ça, oui ! Le terme est plus juste.

— Tout de même, reprit Fannie, il fallait être drôlement motivé. Je ne crois pas que j'aurais le courage de me lancer ainsi dans le vide. »

Marteens lui sourit.

« Vous savez, c'est à partir de là qu'il s'est passé quelque chose d'étrange.

— Que voulez-vous dire, David ?

— Eh bien, je ne sais trop comment l'expliquer, même aujourd'hui. Pourtant, je constate ce phénomène pour chaque personne qui poursuit ses rêves.

— Vraiment, vous m'intriguez…

— Au cours des premiers mois de ma nouvelle carrière, je m'étais inscrit à quelques expositions régionales. Rien de très important, mais j'espérais y vendre mes cartes et mes reproductions. Un beau jour, à l'une de ces expositions – à laquelle j'avais failli ne pas assister –, un homme s'arrêta à mon kiosque et acheta une reproduction d'une de mes toiles. Il me dit qu'il voulait l'offrir à l'une de ses bonnes amies qui vivait en Californie et qui s'intéressait particulièrement aux peintres animaliers. Il avait choisi pour elle une toile représentant des mésanges en hiver. Jusque-là, c'était une vente ordinaire, rien de plus. Cependant, environ un mois plus tard, je reçus un appel de cette dame. Elle me raconta qu'elle avait été enchantée de recevoir la reproduction en cadeau et qu'elle souhaitait venir me rencontrer pour voir mes œuvres et peut-être acheter un tableau ou deux. *Sacré coup de chance*, me suis-je dit. Vendre une toile ou deux, dans ma situation de vendeur de cartes et de reproductions, c'était une excellente affaire ! »

David s'interrompit pour prendre une gorgée de vin. Fannie était suspendue à ses lèvres, désireuse de connaître la suite.

« Cette femme est donc débarquée chez moi trois semaines plus tard, reprit David. Effectivement, elle m'acheta un tableau après s'être exclamée devant chacune des toiles que j'avais. À l'époque, je vendais mes tableaux 500 $. J'avais fait plus d'argent cet après-midi-là que durant tout le mois précédent. Je bénissais le ciel d'avoir eu cette chance.

– Et alors ?

– Alors, cette femme est repartie et pendant plus d'un mois, il ne se passa rien d'autre que les expositions locales ici et là, qui me rapportaient bien peu. Chaque mois, je devais gruger dans mes économies et plus le temps avançait, plus je me sentais nerveux. Cela dit, j'essayais de me concentrer sur la peinture, évitant de trop me préoccuper de l'avenir. Et j'eus ce que j'interprétai comme un second coup de chance. Encore plus important celui-là.

– Qu'est-ce que c'était ?

– Un matin, un peu avant midi, je reçus un appel de la Californie.

– La dame qui vous avait acheté un tableau ? s'enquit Fannie.

– Non, mais elle n'était pas étrangère à cet appel. En fait, c'était un jeune homme, un Américain, qui tenait une nouvelle galerie d'art. Il voulait mettre mes tableaux dans sa galerie. Étonné, je lui demandai comment il avait entendu parler de moi, puisque mes œuvres n'étaient pas encore connues. Il me confia qu'une de ses amies lui avait demandé – l'avait supplié, en fait, car il ne voulait pas y aller – de l'accompagner à une soirée donnée par l'une de ses clientes. Il se trouve que cette cliente était la dame qui m'avait acheté un tableau et que la réception avait lieu chez elle. Le jeune homme remarqua ma toile et obtint mes coordonnées. Ce que je faisais correspondait exactement à ce qu'il cherchait.

– Quelle chance inouïe, précisa Fannie, se rappelant les paroles de son amie Jennice.

– C'est précisément ce que je me suis dit, Fannie. Je n'en revenais pas. Le jeune homme, Maxwell, est venu chez moi et, tout comme la dame, il fut emballé par les quelques dizaines de tableaux que j'avais peints jusque-là. Il me proposa un contrat, me donna quelques conseils – pour un jeune homme, il était très avisé – et sélectionna une dizaine de mes toiles. Trois semaines plus tard, mes œuvres étaient exposées dans sa galerie, en Californie. Durant deux mois, rien ne se passa. Je n'entendis pas parler de Maxwell. Mes économies s'épuisaient rapidement. Cependant, je continuais à peindre sans relâche – après tout, c'est en peignant que j'étais heureux – et à participer à des expositions sans importance. »

De nouveau, David s'interrompit et dégusta une longue gorgée de vin. Fannie attendait la suite de l'histoire, intriguée. Le peintre ne se fit pas prier pour poursuivre.

« Un soir, Maxwell m'appela pour m'annoncer qu'il venait de vendre deux de mes tableaux et qu'il me postait un chèque de 4 000 $. Je n'en revenais pas ! C'était ce que je gagnais en un mois lorsque j'occupais l'emploi qui m'empoisonnait la vie. La "prétendue" chance qui m'avait souri jusque-là semblait se poursuivre. Je commençais à croire en ma bonne étoile. J'étais de plus en plus optimiste quant à l'avenir et à la concrétisation de mes rêves.

» Encore une fois, rien ne se passa durant trois mois. Puis, Maxwell me passa un coup de fil pour m'annoncer deux nouvelles, une bonne et une mauvaise, selon lui.

– Il avait vendu une autre toile ? » devina Fannie.

David éclata de rire à nouveau.

« En effet ! C'était la bonne nouvelle.

– Et la mauvaise ?

– Eh bien, voyez-vous, Maxwell était un jeune homme aventureux. Sa galerie commençait à bien marcher, mais son rêve était de faire le tour du monde...

– Rien de moins, se moqua Fannie.

– Il n'y a pas de grands ou de petits rêves, Fannie. Il n'y a que des désirs à combler. Et Maxwell était bien déterminé à combler les siens. Il m'annonça donc qu'il avait vendu sa galerie d'art à un groupe d'hommes d'affaires français et qu'il ignorait leurs intentions en ce qui concernait mes tableaux.

– Étiez-vous déçu ? demanda Fannie.

– Oui et non. J'aimais bien Maxwell, mais je ne pouvais rien changer à la situation. Puis, cette journée-là, je devais me rendre à une exposition à quelques dizaines de kilomètres de chez moi, ce qui m'occupait l'esprit un peu. J'avoue que je me serais bien passé de cette journée, derrière un kiosque, pour ne vendre que quelques cartes et une ou deux reproductions, mais ma vie allait être transformée par cette journée.

– Que voulez-vous dire ?

– À peine avais-je étalé mes cartes et mes reproductions qu'un homme s'arrêta à mon kiosque. Il observa mes produits sans dire un mot, en me jetant parfois un coup d'œil. Intrigué, je lui demandai s'il aimait ce que je peignais.

» "Et comment ! s'exclama-t-il. Avez-vous déjà publié vos œuvres ?" me demanda-t-il.

» "Publié ?" lui répétai-je.

» "Je suis éditeur et ce que vous faites m'intéresse. Voici ma carte. Passez me voir, si vous souhaitez publier."

» Je pris la carte et la lus attentivement. Je croyais que c'était une blague de mauvais goût. Mais pas du tout. Une semaine plus tard, je me déplaçais pour visiter cet éditeur. Rapidement, nous sommes devenus des amis. Il me confia qu'il était seulement de passage dans la ville où avait eu lieu l'exposition, qu'il avait visitée par hasard, entre deux rendez-vous. Nous avons alors tous les deux rigolé d'avoir eu la chance de nous rencontrer. Quatre mois plus tard, un livre regroupant une trentaine de mes tableaux fut publié.

— J'ai ce livre dans ma bibliothèque. *David Marteens, le peintre de la nature*, c'est bien cela, non ?

— Tout à fait, Fannie, répondit David, amusé.

— Je n'en reviens pas de la chance que vous avez eue…

— Je sais. Et ce n'est pas fini ! »

Fannie observa David, l'incitant à poursuivre, ce que le peintre fit avec plaisir.

« Lorsque mon livre fut publié, les hommes d'affaires ayant acheté la galerie de Maxwell communiquèrent avec moi. Il se trouve qu'ils étaient des amateurs d'œuvres d'art, des collectionneurs même. Ils avaient des entrées dans plusieurs grandes galeries du monde entier et ils m'informaient que mes tableaux seraient exposés dans plusieurs villes sur la planète.

— Incroyable, ne put s'empêcher de soupirer Fannie.

— Vous le dites ! À partir de là, ma carrière démarra vraiment. Mes toiles se vendaient aussitôt que je les terminais et à des prix de plus en plus élevés. Même mon livre s'avéra un grand succès.

— Une telle chance… c'est presque irréel », constata Fannie.

David eut un petit sourire en coin.

« Vous aussi, vous trouvez cela ?

— Et comment ! Avouez que vous avez eu une chance unique.

— Justement, je me suis interrogé sur cette "prétendue" chance.

— Que voulez-vous dire ?

— Au début, je croyais, comme vous, à la chance que j'avais eue. Puis, je me suis dit que c'était vraiment trop improbable comme parcours pour que ce soit uniquement un coup de pouce, ou plusieurs, en fait, du hasard.

— Je ne vous suis pas, David, avoua Fannie. Où voulez-vous en venir ?

— Je me suis demandé ce qu'était la chance en fait. J'ai donc observé la vie de gens autour de moi et fait des recherches au sujet du parcours de personnalités connues, notamment celles qui ont réussi leur vie en suivant leurs rêves. J'ai alors découvert quelque chose d'étonnant. Tous ces gens semblaient avoir bénéficié, comme moi, de coups de chance ou d'heureux hasards. C'était parfois une rencontre inopinée, une occasion inattendue, une aide providentielle, peu importe. Le même phénomène s'était répété pour eux comme pour moi.

— Vous prétendez que la chance n'existe pas ? demanda Fannie, plutôt sceptique.

— Je n'en sais rien, Fannie. Je ne sais pas comment interpréter ce que nous nommons "la chance". Je sais, par contre, que la vie soutient ceux qui osent ; je sais que le fait de suivre ses rêves met en branle un processus étrange que je ne peux expliquer, mais que j'ai si souvent constaté. Dès que nous poursuivons nos rêves et que nous vivons selon notre passion, des portes s'ouvrent, comme si tout s'orchestrait pour nous aider.

— Vous croyez vraiment cela ? demanda Fannie, plutôt incertaine de ce qu'elle devait en penser.

— J'en suis convaincu, Fannie. Observez la vie de gens qui réussissent en faisant ce qu'ils aiment vraiment faire, et vous verrez.

— Alors, pourquoi ce phénomène ne se produit-il pas pour moi actuellement ? Pourquoi je n'ai aucun coup de pouce du destin ? demanda Fannie, en défiant les propos du peintre.

— Simplement parce que vous ne remplissez pas les trois conditions qui vous incombent, tout comme moi auparavant, répondit calmement le peintre.

— Trois conditions ? s'indigna Fannie.

— En analysant mon propre parcours et en étudiant celui d'autres personnes, j'ai déduit que pour mettre ce phénomène en marche et en tirer profit, il fallait remplir trois conditions incontournables…

— Lesquelles ? s'impatienta Fannie.

— Premièrement, vous devez décider d'emprunter la voie de vos rêves et de suivre votre passion. C'est le point de départ : un engagement ferme et définitif envers soi-même. Rappelez-vous qu'aucun coup de chance ne m'était arrivé avant que je démissionne de mon emploi.

» La deuxième condition est d'accomplir des gestes, de faire des actions concrètes allant dans le sens de nos rêves. Vous connaissez l'adage qui dit "aide-toi et le ciel t'aidera" ?

— Oui, je me souviens de l'avoir déjà entendu, confirma Fannie.

— Je crois que cet adage populaire exprimait cette seconde condition. Repensez à mon parcours. J'ai peint des toiles, j'en ai tiré des cartes et des reproductions et j'ai participé à des expositions parfois minables ou sans importance, mais j'ai agi. Si je n'avais pas fait ces actions, un inconnu ne se serait pas arrêté à mon kiosque pour acheter une reproduction pour l'une de ses amies qui, elle, ne m'aurait pas acheté un tableau pour sa demeure, où eut lieu une réception à laquelle assistait un jeune amateur d'art qui tenait une galerie, et ainsi de suite. Rien n'aurait été possible si je n'avais pas fait les premiers gestes.

— Je vois, fit Fannie, songeuse.

— Quant à la troisième condition, reprit David, c'est la persévérance. Vous vous souvenez des intermèdes entre les fameux coups de chance ? Que se passait-il ? »

Fannie réfléchit quelques secondes.

« Rien… vous l'avez dit vous-même, finit-elle par répondre.

– Tout à fait, il ne se passait rien, mais je continuais à peindre, à produire des cartes et à participer à des expositions. Je maintenais le cap. Je me dirigeais vers l'île de mes rêves. Même si aucune parcelle de terre ne se pointait à l'horizon, je persévérais. Si, après le premier coup de chance, j'avais abandonné, tout le reste n'aurait pas pu se produire. »

David termina sa coupe de vin, tout en laissant le temps à Fannie d'assimiler ce qu'il venait de lui apprendre. Elle était perdue dans ses pensées. David reprit la parole au bout de quelques minutes : « Fannie, l'Univers attend que vous viviez la vie qui vous est destinée. Par contre, cette vie ne commencera pas tant que vous n'aurez pas pris la décision de la mettre en branle.

– Je ne sais pas si j'en aurai le courage, David. Après tout, ma vie est établie actuellement. Tout chambouler m'apparaît parfois insensé. Ce ne serait pas logique, se défendit Fannie.

– Logique, dites-vous ? interrompit David.

– En tout cas, réaliste », ajouta Fannie.

Le peintre jeta un coup d'œil à l'horloge sur le mur.

« Êtes-vous venue en voiture ? demanda-t-il à Fannie.

– Bien sûr, répondit-elle, un peu surprise. Elle est garée dans le stationnement de l'académie.

– Parfait. Il est encore tôt… Ça vous dirait de me conduire quelque part ? Je voudrais vous montrer quelque chose.

– Euh… oui, d'accord. Allons-y », accepta Fannie, un peu déroutée.

Chapitre 7

*A*près une dizaine de minutes de route, David Marteens avait demandé à Fannie d'emprunter un petit chemin qui descendait dans les terres. Comme ils avaient traversé et quitté le village le plus près, Fannie se demandait bien où Marteens la conduisait et ce qu'il voulait lui montrer.

Elle n'eut pas à attendre bien longtemps pour le découvrir, car après quelques minutes seulement, ils arrivèrent devant un cimetière.

« Garez-vous ici, Fannie, et allons nous promener dans le cimetière.

– Êtes-vous sérieux ? objecta Fannie. Qu'allons-nous faire dans un cimetière ? »

Au point où elle en était, Fannie obtempéra à la demande de David.

« David, insista-t-elle en descendant de l'auto, qu'allons-nous faire dans ce cimetière ?

– Apprendre, répondit-il simplement.

– Apprendre quoi ? fit-elle, agacée, au moment de franchir la grille d'entrée.

– Apprendre à nourrir notre motivation. »

Fannie haussa les épaules. Elle trouvait de mauvais goût cette idée d'une promenade dans un cimetière.

« Vous venez souvent ici ? demanda-t-elle, tant par curiosité que par insécurité, se retrouvant au cœur d'un silence majestueux.

– Chaque fois que ma motivation ou mon enthousiasme s'effrite », répondit David en marchant allègrement au travers des pierres tombales.

Au bout d'un moment, il s'arrêta et se tourna vers Fannie.

« Observez les pierres tombales, Fannie. Regardez tous ces noms et toutes ces dates. Sous chacun des noms, une date de naissance et une date de décès sont inscrites. Et, entre les deux, une vie. Entre les deux, un instant plus ou moins long où la personne pouvait faire tout ce qu'elle voulait. Une portion d'éternité qui lui appartenait. Qu'en a-t-elle fait ? Qu'a-t-elle fait de sa vie ? Entre toutes ces dates, Fannie, des rêves, des désirs, des destinées ne se sont jamais réalisés. Ils sont enterrés avec leurs propriétaires. Les rêves ? Morts avant d'avoir vu le jour. Les personnes ? Mortes sans avoir vécu. »

David pointa une pierre au hasard et lut le nom qui y était gravé, en rajoutant une constatation : « Ci-gît Alexandre Forster et son rêve d'être un homme d'affaires. » Il en pointa une autre : « Ci-gît Cynthia Cunningham et son rêve d'être photographe. » Et encore une autre : « Ci-gît Paul-Émile Hunter et son rêve d'être menuisier. »

« Comment pouvez-vous affirmer cela ? demanda Fannie.

– Je le sais parce que je suis né ici et que je connaissais la plupart des gens qui sont enterrés dans ce cimetière. Je les ai vus vivre une vie réaliste et terne, une vie selon la logique, où les rêves n'avaient pas leur place. »

David se tut et regarda Fannie, pensive devant les propos inattendus qu'il lui tenait, et il reprit aussitôt : « Si tous ces gens pouvaient vous parler, Fannie, que vous conseilleraient-ils ? D'être logique ? D'être réaliste ? De laisser filer votre vie si précieuse ? Je parie qu'ils vous diraient de vivre pleinement, d'aller au bout de vos rêves, de suivre votre cœur. Ils vous mettraient en garde contre le piège de laisser le temps s'écouler comme si votre vie était éternelle. Votre âme l'est sans doute, Fannie, mais votre corps ne l'est pas. Votre vie passera, comme toutes les autres vies. Qu'en aurez-vous fait, Fannie ? Quelle sera votre appréciation de votre existence sur cette terre ? Ou quelle sera votre déception ? »

Fannie resta silencieuse. Elle était remuée et touchée.

« Lorsque je mourrai, reprit Marteens, c'est ici que je serai enterré. Ma pierre tombale rappellera à tous ceux qui viendront s'y recueillir qu'entre les deux dates gravées dans la pierre, j'aurai vécu une vie digne de ce nom. »

David Marteens reprit sa marche, suivi de Fannie. Les deux marchèrent en silence. Fannie réfléchissait à tout ce que David lui avait dit. Elle avait l'impression d'entendre des voix qui lui chuchotaient : « Vis, Fannie. Vis tes rêves. » Elle en frissonna.

Le peintre et elle retournèrent à l'auto. Ils demeurèrent silencieux durant le trajet de retour. Fannie déposa David à l'académie. Avant de descendre, il se tourna vers elle.

« Je vous donne rendez-vous vendredi prochain, mais rien ne vous oblige à venir. Le choix vous appartient, Fannie. Vous avez la chance d'être encore entre les deux dates qui seront un jour inscrites sur votre pierre tombale. À vous de voir ce que vous voulez faire de ce temps. Je vous souhaite une bonne semaine. »

Fannie ne promit rien à David. Elle le remercia et elle repartit, troublée.

La destinée de Fannie n'arrivait pas encore à sortir de son cocon.

Chapitre 8

« Qu'essaies-tu de me dire, Fannie ? » demanda Hugo, en se versant une seconde tasse de café. Il venait d'écouter patiemment Fannie lui raconter sa journée de la veille avec David Marteens. « Tu veux démissionner de ton emploi pour vivre une vie de misère dans les arts ? »

Fannie écoutait Hugo. Elle était elle-même incertaine de ce qu'elle voulait faire.

« Ce n'est pas ce que je dis, Hugo. Par contre, avoue que l'histoire de David Marteens est inspirante, non ?

— Il a eu de la chance, ma chérie, rien de plus. Parfois, le hasard s'avère positif, parfois non. Il a tiré le bon numéro, voilà tout. Tant mieux pour lui. Pourquoi voudrait-il se mêler de ta vie ?

— Peut-être que son histoire pourrait être la mienne… Il m'a dit que je lui faisais penser à lui, il y a quarante ans.

— Et s'il était sénile ? S'il racontait n'importe quoi ?

— Arrête, veux-tu ? Marteens est tout sauf sénile, se défendit Fannie.

— Qu'en sais-tu ? Après tout, il n'est plus jeune. Quel âge a-t-il déjà ?

— Il a 88 ans.

—Voilà ! À cet âge, c'est normal de perdre la boule, non ?

— Ce que tu insinues est ridicule. »

Hugo sentit que Fannie n'allait pas gober un tel argument sans fondement. Il modifia son ton et son approche.

« Écoute, chérie, la peinture, c'est bien, mais tu ne gagneras jamais ta vie en peignant des toiles », dit-il en repoussant son assiette et le reste de son déjeuner. Il s'avança vers Fannie et lui prit la main. Elle resta silencieuse, les yeux rivés sur la table.

Il poursuivit : « Chérie, regarde la vie que nous menons. Nous avons une belle maison, une terre de plusieurs arpents, tu possèdes des chevaux, nous sortons régulièrement au resto ou au ciné. Tu t'achètes ce que tu veux. Tu serais prête à risquer de tout perdre pour poursuivre un rêve, une chimère ? Allons, sois sérieuse. Comment vivrions-nous sans ton salaire ? »

Fannie demeurait silencieuse. Bien sûr que non, elle ne voulait pas perdre tout ce qu'elle avait. Elle voulait continuer à pouvoir acheter ce qu'elle désirait, quand elle le souhaitait. Qui voudrait renoncer à tout cela ?

Cependant, Marteens lui avait fait voir le prix élevé qu'elle devait payer pour se permettre ce train de vie. Elle le payait de ses plus belles années, des plus belles heures de ses journées, de sa vie même.

Tourmentée entre son rêve et les arguments d'Hugo qu'elle n'arrivait pas à réfuter, Fannie pleura doucement.

Hugo se leva et la serra contre lui.

« Chérie, tu es épuisée. Ça arrive à tout le monde, ce genre d'envie de tout abandonner. Ce qu'il te faut, c'est du repos, te changer les idées. Tu es déprimée depuis quelque temps. Tiens, j'ai une idée. Si on partait en voyage bientôt, tous les deux ? Qu'en dis-tu ? »

Fannie approuva d'un signe de la tête, mais ne prononça pas un mot. La gorge serrée, elle ne pouvait que pleurer.

« J'ai des courses à faire en ville. Tu m'accompagnes ? » demanda Hugo.

Fannie fit signe que non.

Il ajouta : « Bon, je serai de retour en fin d'après-midi. Ça ira ? »

Fannie fit signe que oui et sourit à Hugo, pour le rassurer.

Ils débarrassèrent la table et Hugo quitta la maison. Fannie le regarda s'éloigner.

Comme il pleuvait, elle ne pouvait pas s'occuper des besognes à l'extérieur. De toute façon, elle n'en avait nullement envie. Elle monta à l'étage, dans son atelier. Elle s'assit à son chevalet. Elle regarda quelques-unes de ses toiles, mais bientôt son regard se tourna vers la fenêtre et se perdit à l'horizon. Fannie était absorbée dans ses pensées, torturée entre la vision d'Hugo et celle de David Marteens.

Et si Hugo avait raison? Si Marteens avait été chanceux, tout simplement? Après tout, c'était aussi l'opinion de Jennice. Puis, rien ne prouvait vraiment la théorie de Marteens, selon laquelle les coups de chance ne sont que des efforts consentis par la vie dans le but d'aider ceux qui poursuivent leurs rêves. Elle n'avait pas parlé de cette théorie à Hugo, qui s'en serait bien moqué, elle n'en était que trop certaine.

Peut-être vaudrait-il mieux qu'elle ne retourne pas voir David Marteens. Il la dérangeait, la troublait, la bousculait intérieurement. Cela dit, en évitant d'être ainsi remuée, ne jouerait-elle pas à l'autruche, refusant de voir la vérité?

Épuisée de retourner sans cesse toutes ces questions dans sa tête, Fannie se fit couler un bain chaud et s'y glissa. Elle y resta une heure au moins, puis elle en sortit et enfila un peignoir. Elle descendit au salon, se lova dans son divan et regarda la télé, comme elle le faisait lorsqu'elle avait le cafard.

Ce soir-là, Fannie s'endormit contre Hugo, les ailes de son rêve repliées.

Chapitre 9

*F*annie était rentrée au boulot, le lundi, sans enthousiasme. Elle savait que Jennice lui poserait des questions sur sa journée avec David Marteens. Elle savait aussi qu'elle aurait la même opinion qu'Hugo. Valait-il vraiment la peine d'écouter le même discours de nouveau?

Quoi qu'il en soit, Fannie n'eut d'autre choix que de tout raconter à Jennice. Elle essaya d'y mettre de l'enthousiasme, mais elle était trop tiraillée intérieurement pour être convaincante. Comme prévu, Jennice démolit à son tour les quelques parcelles de rêves qui virevoltaient encore dans le cœur de Fannie.

« Hugo a entièrement raison, ma pauvre Fannie. Ce David Marteens a eu la chance collée à lui. C'est tout ce qui explique son succès. Tu devrais faire un trait sur cette rencontre et planifier le voyage qu'Hugo t'a proposé. Ça te ferait un bien fou, crois-moi ! »

Fannie soupira. La réaction si prévisible de Jennice ne la surprit aucunement. Silencieuse, Fannie fixait le plat que son amie lui avait offert.

« C'est bon, non? C'est une nouvelle recette. Un jour, lorsque je la mettrai en marché, ça me rendra riche.

– Et si ce jour ne venait jamais, Jennice ? » laissa échapper Fannie.

Jennice recula sur sa chaise, entre la colère et l'exaspération.

« Qu'est-ce qui t'arrive, toi? Tu sais bien qu'à notre retraite, tu deviendras une peintre et moi une femme d'affaires-cuisinière. Ce jour de la retraite arrivera, ça, c'est sûr. C'est mathématique. Dans quatorze ans, onze mois et… » Jennice réfléchit un instant puis reprit : « … et 223 jours précisément, l'heure de la libération sera arrivée et nous pourrons faire ce que nous voulons. Il s'agit d'être patientes et de tenir le coup.

– Et combien de temps nous restera-t-il alors? »

Jennice secoua la tête, agacée.

73

« Ce que tu peux être pessimiste depuis quelque temps, toi. Tiens, c'est depuis que tu as rencontré ce peintre que tu es dans cet état. Tu devrais cesser de le voir. Ah! et je pense la même chose que ton amoureux : il doit être sénile, ce vieux peintre. »

— Arrête, veux-tu? Tu ne vas pas juger un homme que tu n'as jamais rencontré, tout de même. »

Jennice haussa les épaules et dévia la conversation.

« Dis donc, comment se comporte ton équipe? Tu crois que tu vas atteindre les objectifs que Johansen t'a fixés? »

À son tour, Fannie haussa les épaules.

« Je n'en sais rien. J'essaie de motiver mes équipiers, mais j'ai l'impression de leur en demander trop. Je sens que je leur mets une pression énorme sur les épaules et ça me dégoûte.

— Tu fais ton boulot, à eux de faire le leur. Tu savais que l'on parle de plus en plus d'un poste de direction qui s'ouvrirait sous peu?

— Non, fit Fannie, surprise.

— Selon ce que j'ai entendu, les chefs d'équipe auraient de bonnes chances d'obtenir ce poste. Je me dis que si tu parvenais à dépasser tes objectifs, les circonstances seraient en ta faveur. Tu pourrais obtenir ce poste.

— Qu'est-ce qui te fait dire que je voudrais obtenir ce poste?

— Tu rigoles? Tu ferais un bond dans l'échelle salariale. On parle de plus de 20 000 $ par année, et ce, en plus de la prime à la fin de l'année et d'une semaine de vacances de plus. En tout cas, moi, ça m'intéresse. »

Jennice avait avancé de bons arguments pour séduire Fannie. Après tout, avec une telle augmentation, elle pourrait liquider les soldes de ses cartes de crédit, peut-être avoir un ou deux chevaux de plus, rénover l'écurie…

« J'y penserai », finit par dire Fannie.

Affichant un petit sourire en coin, Jennice avait l'impression d'avoir réussi à stimuler son amie. Elle en était fière… et rassurée. Sans le dire à Fannie, elle comptait sur elle pour tenir le coup, car si Jennice semblait plus déterminée que Fannie, elle était tout aussi désabusée qu'elle.

Quoi qu'il en soit, Fannie avait retenu la possibilité d'une promotion. Après tout, peut-être bien qu'un salaire plus élevé et une semaine de vacances de plus par année lui permettraient de se motiver à nouveau et d'accepter son sort.

Fannie décida donc de se concentrer sur les objectifs que madame Johansen lui avait fixés. Elle voulait se donner le plus de chances possible d'obtenir cette promotion si elle se présentait. Elle travailla avec ardeur et fouetta ses troupes du mieux qu'elle put, essayant d'ignorer les plaintes quotidiennes.

À la fin de la journée de mercredi, le rendement de son équipe était presque au niveau souhaité. Exténuée, mais fière, Fannie rentra chez elle après avoir récupéré son courrier.

En dépouillant le courrier, elle remarqua avec beaucoup d'étonnement une enveloppe venant de l'*Académie des arts en nature*. Elle l'ouvrit et y trouva une lettre de David Marteens. Elle s'assit dans son fauteuil préféré et commença la lecture de la lettre, curieuse de savoir ce que le peintre avait à lui dire.

Chère Fannie,

Je ne sais pas si vous aviez prévu venir me rencontrer ce vendredi. Le cas échéant, je me dois de vous aviser d'un changement à mon horaire. Je ne serai malheureusement pas disponible pour notre rendez-vous. Vous m'en voyez désolé. Par contre, je vous propose de remettre ce rendez-vous au lendemain, soit le samedi, au même endroit, à la même heure, si, bien sûr, cela vous sied.

Toutefois, permettez-moi de vous suggérer un petit exercice qui devrait vous plaire. Je vous suggère de consacrer votre vendredi à votre vie de rêve. Prenez congé et faites ce que vous voulez. Agissez comme si c'était une journée typique de la vie dont vous rêvez. Jouez le jeu, Fannie, pour une journée, une seule. Goûtez à la joie et à la paix de votre vie rêvée. Ne pensez pas à votre tiraillement intérieur ni à vos problèmes. Faites comme s'ils n'existaient plus. Ça ne vous engage à rien pour la suite, mais décrétez ce vendredi comme étant une journée typique de votre vie de rêve. Et appréciez !

Je souhaite de tout cœur vous revoir samedi, près du lac.

Votre dévoué ami,

David

P.-S. – Je me suis permis de récupérer votre adresse de la liste des participants de l'académie, c'était la seule façon de vous joindre.

Fannie replia la lettre et appuya sa tête sur le dossier du fauteuil.

L'idée de vivre une journée de rêve ne lui déplaisait pas. Après tout, elle avait congé vendredi et Hugo était reparti en voyage. Elle venait de donner quelques très bonnes journées de travail au bureau. Une pause serait bienvenue.

Elle se mit à réfléchir à voix haute. « Vivre une journée selon la vie que je voudrais avoir… Pourquoi pas ? Ce n'est qu'un jeu, comme l'écrit David… À quoi ressemblerait cette journée ? »

Tout au long de la soirée, elle imagina le déroulement de cette journée, les activités qu'elle ferait, le sentiment de liberté qu'elle goûterait.

C'est sur cet avant-goût de sa destinée que Fannie s'endormit.

Chapitre 10

*L*e vendredi arriva et Fannie se réveilla d'elle-même, sans réveille-matin. Comme elle était matinale, elle se leva presque à la même heure qu'habituellement. Elle prit le temps d'étirer son corps et de chasser les dernières vapeurs du sommeil.

Après quelques minutes à se prélasser sous les couvertures, elle se leva, descendit au rez-de-chaussée, enfila un manteau et des bottes de caoutchouc par-dessus son pyjama et se rendit à l'écurie. Elle brossa ses chevaux, tout en les taquinant de petits baisers sur le museau. De fort bonne humeur, Fannie leur parla et les caressa tandis qu'elle leur donnait de l'eau fraîche et du foin. Puis, elle les libéra dans le pré clôturé. Les chevaux s'élancèrent sous un soleil matinal prometteur. La journée serait belle, sans aucun doute.

Déjà, Fannie appréciait la souplesse de son horaire en cette journée de rêve.

Comme elle devait se rendre en ville pour acheter du matériel d'artiste, elle décida qu'elle prendrait un copieux petit-déjeuner à son café préféré. Aussitôt douchée et habillée, elle partit pour la ville.

❦ ❦ ❦

Bien assise à une table près de la fenêtre, Fannie sentait le soleil la réchauffer délicatement. Le petit-déjeuner avait été délicieux. Elle sirotait son deuxième café en se permettant d'avancer la lecture d'un livre qu'elle adorait et qui racontait les découvertes intérieures qu'une jeune femme des Pays-Bas faisait auprès d'un rabbin à Jérusalem[2]. Fannie savourait cette matinée. Elle se sentait légère, détendue et calme.

Au bout d'une heure, elle quitta le café et se rendit à la boutique de matériel d'artiste pour y acheter quelques pinceaux, deux toiles vierges et un ou deux tubes de peinture.

---

2. Patty Harpenau, *Les codes de vie*, Le Dauphin Blanc, 2011.

Fannie savait exactement ce qu'elle ferait de son après-midi de rêve. Elle allait peindre sans se préoccuper d'autre chose.

Dès son retour à la maison, elle monta à son atelier et prépara son matériel. Elle décrocha du mur une magnifique photo qu'elle avait prise un an auparavant. Sur cette photo, la nièce de Fannie donnait l'accolade à son magnifique cheval, Big Boy. Fannie avait toujours aimé la tendresse qu'elle percevait entre la jeune fille et le cheval. C'était exactement ce que Fannie voulait exprimer par sa peinture : les liens de tendresse, de compassion et de respect que les humains pouvaient témoigner aux animaux. Elle souhaitait être une peintre animalière, mais avec un élément humain présent dans ses toiles. Elle voulait exprimer le meilleur de l'homme envers l'animal.

Fannie mit une musique douce dans laquelle des sons de la nature se mélangeaient à l'harmonie des notes mélodieuses. Puis, elle commença sa toile, d'abord en esquissant le croquis, puis en attaquant les couleurs. Elle plongea entièrement dans son art et peignit sans s'arrêter.

Lorsqu'elle regarda l'heure pour la première fois, Fannie s'étonna de constater qu'il était déjà seize heures trente. Elle avait peint pendant plus de quatre heures. Pourtant, elle avait l'impression qu'elle venait à peine de commencer. Elle n'avait pas vu le temps passer.

Elle se leva et s'éloigna pour observer sa toile, qu'elle avait presque terminée. Elle remarqua quelques petits détails à corriger, mais elle était néanmoins très fière de son travail. Elle avait réussi à transmettre toute la tendresse qu'elle percevait entre sa nièce et le cheval sur la photo.

Le sourire aux lèvres, la joie dans le cœur, Fannie descendit à la cuisine et se prépara un repas léger. Quelques fromages, des salades, des raisins, du pain et une coupe de vin. Elle sourit en pensant que, vendredi dernier, elle avait partagé exactement ce genre de repas avec David. La coïncidence l'amusa. Elle mangea tout en poursuivant la lecture du livre qui la fascinait.

Après son repas, elle sortit retrouver ses chevaux. La douce lumière du soleil descendant lui donna l'envie de faire une balade. Elle sella Big Boy et partit pour une promenade autour de son immense terrain. Au loin, les coyotes commençaient à faire entendre leurs chants plaintifs. Septembre était le mois préféré de Fannie. Ni chaud ni froid. Un air tiède caressait ses cheveux. En cet instant précis, sur son cheval, comblée par un après-midi consacré à la peinture, Fannie se sentit heureuse, vraiment heureuse.

« Quelle merveilleuse journée, pensa-t-elle. Si ma vie de rêve ressemble à ça, pourquoi je n'arrive pas à me décider à la vivre ? »

Au bout d'une heure, elle retourna à l'écurie. Elle rentra ses chevaux, leur donna de l'eau et du foin, puis les taquina de nouveau en leur témoignant de la tendresse. Puis, elle rentra à la maison, se fit couler un bain chaud et s'y glissa pour une heure.

Elle lut de nouveau, puis retourna à son atelier. Il n'était que vingt heures. Aussi, Fannie décida de terminer sa toile. De nouveau, elle n'eut pas conscience du temps qui passa et lorsqu'elle eut fini, il était déjà vingt-trois heures trente.

Fannie était satisfaite de son œuvre, tout autant que de sa journée. Elle venait de vivre des moments de bonheur et de grâce, littéralement. Cette journée typique de la vie dont elle rêvait lui remonta le moral comme rien d'autre n'aurait pu le faire. Son enthousiasme et son désir de vivre son rêve étaient revenus. David Marteens lui avait joué un tour, un bien joli tour, en lui proposant cet exercice.

« Sacré David ! Puisqu'il avait connu un cheminement similaire, il savait sans doute que cet exercice me serait profitable », pensa-t-elle.

Épuisée, mais heureuse, Fannie se mit au lit sans plus tarder. Dans la pénombre de sa chambre, elle pensa à Hugo. Il était le seul élément qui manquait à sa journée pour qu'elle soit parfaite. Fannie aurait tant aimé qu'Hugo la voit aussi heureuse et détendue. Sans doute aurait-il alors compris son besoin intense de vivre son rêve.

Elle essaierait de lui parler de sa journée dès son retour, dimanche soir. D'ici là, elle passerait la journée de samedi avec David. Elle avait tellement hâte de tout lui raconter.

Rapidement, le sommeil gagna Fannie. Cependant, juste avant de s'endormir, elle se sentit envahie d'un sentiment de gratitude peu commun. Silencieusement, elle remercia… qui? Amusée, elle n'en savait rien. Dieu, la vie, l'Univers, son rêve, David Marteens et pourquoi pas sa destinée?

C'est dans cet élan de gratitude inattendu que le sommeil la ravit et la garda captive pour toute la nuit.

Chapitre 11

*L*a matinée souffrait encore de la froideur de la nuit précédente. L'automne annonçait de plus en plus sa venue. Déjà, quelques érables s'étaient laissé rougir.

Bien au chaud sous un chandail de laine, les rayons du soleil se faisant plutôt timides, Fannie attendait David. Assise sur la même roche que lors de leur première rencontre, elle éprouvait encore les douces sensations de liberté, de joie et de calme que sa journée de rêve lui avait laissées.

Un bruit de branchages piétinés la fit se retourner. Elle aperçut David Marteens qui venait vers elle, lui aussi vêtu d'un vêtement chaud.

« Bonjour, David !

— Bonjour, ma chère Fannie. Quelle belle journée aurons-nous, n'est-ce pas ? Dites-moi, comment allez-vous ? demanda David en faisant la bise à Fannie, avant de s'asseoir à son tour sur une roche.

— Disons que la semaine a été colorée de diverses émotions », répondit Fannie avec franchise.

D'un regard bienveillant et d'un doux sourire, le peintre incita Fannie à en dire davantage. « J'ai l'impression que ma semaine s'est déroulée en trois temps. Dans les premières journées, j'ai dû affronter le scepticisme de mon entourage. Les gens que j'aime ne croient pas en mon rêve et ils m'ont conseillé ni plus ni moins de revenir sur terre. Puis, le milieu de semaine me trouva motivée à faire de mon mieux dans l'espoir d'obtenir une promotion. C'est alors que votre lettre est arrivée et que j'ai accepté de faire l'exercice de vivre une journée de rêve. Et me voilà, ce matin, avec au cœur l'ivresse de la journée d'hier. »

David approuva d'un signe de la tête.

« Eh bien ! Il semble que vous viviez un apprentissage en accéléré ! »

Fannie haussa les épaules.

« Peut-être, je ne sais pas…

– Comment vous sentez-vous, Fannie ? » insista David, en l'incitant à s'exprimer.

Fannie hésita, puis se confia.

« Mélangée, seule, apeurée, et en même temps enthousiaste et fébrile. »

David rit de bon cœur. « Tout ça dans un seul cœur ! Pas étonnant que vous viviez des tourbillons dans votre vie. Ces tourbillons existent déjà en vous.

– Quand je suis avec vous, il me semble que tout devient clair et que mon rêve est réalisable. Puis, lorsque je me retrouve dans mon quotidien, les arguments des gens près de moi finissent par me convaincre d'oublier tout ça et d'accepter mon sort.

– Ce que vous vivez est normal, Fannie, affirma le vieux peintre. Le changement n'est jamais facile à accepter, d'abord, puis à réaliser. Je crois que l'élément majeur qui vous trouble, tant vous-même que les êtres que vous aimez et qui vous aiment, c'est la peur. »

Fannie réfléchit.

« Peut-être bien…

– Vous savez, Fannie, la peur est un véritable fléau dans la vie humaine. Malheureusement, nous la subissons tous. Je suis persuadé que tout être humain a une peur quelconque, et souvent plusieurs, qui le tenaille et qu'il doit s'efforcer de contrôler. Ce peut être la peur de mourir, la peur de manquer d'argent, la peur de ne pas réussir, parfois même la peur de réussir, la peur d'être ridiculisé, la peur de perdre ceux qu'il aime. Cela dit, qu'est-ce que la peur lorsque l'on y réfléchit vraiment ? Rien d'autre que l'expression négative de ce que pourrait être l'avenir. La peur, en fait, n'est rien. C'est une illusion, sauf bien sûr si l'on est devant un danger réel ou une menace évidente, comme la rencontre avec un animal sauvage ou une agression. Par contre, dans la plupart des cas, la peur concerne quelque chose qui n'est pas arrivé, qui n'existe pas. Prenons votre cas, Fannie. Vous avez peut-être peur de manquer d'argent, ou de ne pas réussir, ou encore d'être délaissée par ceux que vous aimez si vous poursuivez votre rêve…

— Je vis toutes ces peurs, David. Pas une seule, mais les trois que vous venez de nommer. Je suis pitoyable, non ? interrompit Fannie.

— Non, vous ne l'êtes pas. Ne soyez pas si dure avec vous-même. Il y a déjà tant de gens qui s'acharnent à l'être pour chacun de nous, de grâce, soyez indulgente envers vous-même. J'ai volontairement choisi ces trois peurs, car elles sont typiques chez les gens qui cherchent à transformer leur vie. Elles sont partagées par bien d'autres personnes, Fannie, la rassura David qui poursuivit :

» Ces peurs ne sont pas réelles au moment présent. Elles expriment une vision à l'envers de votre rêve, si je puis dire. Vous ne manquez pas d'argent actuellement, et rien ne vous dit que vous en manquerez. Vous n'avez pas échoué, et rien ne laisse présager un échec, avec le talent que vous avez. Puis, personne ne vous a encore quittée, et peut-être que personne ne vous quittera. Par contre, la peur vous fait vivre ces états comme s'ils étaient vrais.

— Au fond, la peur est absurde, fit remarquer Fannie.

— Exactement ! Si vous laissez la peur agir à sa guise, elle vous causera des inquiétudes injustifiées et du stress inutile. Elle vous paralysera et finira par vous dicter ses choix et diriger votre vie. Quelle vie triste et désolante que celle contrôlée par la peur !

— Vous m'avez déjà dit avoir connu la peur vous aussi ? rappela Fannie.

— Bien sûr, et tellement souvent, vous ne pouvez pas vous imaginer. Comme vous, j'ai eu peur de manquer d'argent et de ne pas réussir. Même lorsque tout allait bien, j'ai soudainement connu la peur que tout s'arrête !

— Comment avez-vous fait pour vous sortir de son contrôle ?

— J'ai trouvé trois façons d'y parvenir. D'abord, j'ai identifié et pris conscience de mes peurs, pour ensuite les placer sous l'éclairage de la logique — elle est utile, cette logique, lorsqu'on s'en sert à bon escient — et constater que la finalité qu'elles voulaient m'imposer était bien souvent sans fondement. La seconde façon que j'ai trouvée pour contrer mes peurs fut d'agir, de passer à l'action. Faire des actions concrètes permet de démystifier vos peurs, comme si chaque geste fait en fonction de votre rêve levait une portion du voile que la peur avait déposé sur vous.

— Et la troisième façon?

— À chacune de mes peurs, j'ai opposé un scénario inverse. La peur de manquer d'argent? Je l'ai combattue en adoptant une attitude positive et en m'imaginant recevoir beaucoup d'argent. Si je ressentais la peur d'échouer, je remplaçais la vision que m'imposait la peur par celle de la réussite. Je m'amusais à imaginer mon succès le plus souvent possible.

— Ça marche, ce genre de truc? demanda Fannie, sceptique.

— Je suis forcé d'admettre que oui, Fannie.

— Comment est-ce possible? Je veux dire, ce truc de pensée positive ou d'attraction de ce que l'on désire, personne ne sait vraiment comment il fonctionne…

— D'accord avec vous. Cependant, est-ce la seule chose que l'on ne soit pas capable d'expliquer vraiment et qui pourtant fonctionne? »

Fannie haussa les épaules, signifiant à David qu'elle ne voyait pas ce qu'il voulait dire.

« Prenez l'électricité, renchérit le peintre. Pouvez-vous m'expliquer simplement ce que c'est au juste? »

De nouveau, Fannie haussa les épaules.

« Aucune idée pour l'expliquer. Tout ce que je sais, c'est qu'en activant l'interrupteur, l'électricité allume une ampoule…

— Exactement! Vous savez comment l'utiliser et vous le faites constamment, mais pour l'expliquer, c'est autre chose. D'ailleurs, une anecdote raconte que lorsque Thomas Edison était sur son lit de mort, ses étudiants lui demandèrent de leur expliquer ce qu'était l'électricité. Edison avait eu cette réplique savoureuse : "Je n'en sais rien, mais elle existe, alors servez-vous-en." »

L'anecdote fit sourire Fannie.

« La pensée positive et la loi d'attraction ont été depuis toujours utilisées et discutées. Des maîtres spirituels, des grands penseurs, des philosophes de toutes les époques ont laissé des écrits dans lesquels ils font mention de la puissance de ces outils. Depuis la nuit des temps, des êtres ont affirmé que l'homme était le reflet de ses pensées. Et même aujourd'hui, on continue d'écrire et de discourir sur le sujet. La physique quantique tend elle aussi à le prouver. Et tout se résume à ceci, Fannie : là où sont vos pensées, là sera votre vie. Nos pensées façonnent littéralement notre vie. Ce que vous êtes aujourd'hui est le fruit de vos pensées d'hier, du mois dernier, de l'année dernière, de la décennie dernière… Et ce que vous serez demain dépendra de ce que vous pensez maintenant et de ce que vous avez pensé auparavant.»

Fannie était songeuse. Elle avait vu un truc similaire dans le bouquin qu'elle lisait depuis quelque temps. Se pouvait-il que ce soit vraiment vrai ? David Marteens se doutait bien de la nature des réflexions de Fannie.

« Fannie, n'essayez pas de comprendre ce phénomène, ce n'est pas nécessaire. Et ne vous forcez pas à le croire bêtement. Expérimentez-le, simplement. Utilisez-le et vous verrez par vous-même.

– Comment s'y prend-on ?

– Oh, de bien des façons. J'ai beaucoup lu et j'ai expérimenté plusieurs manières d'utiliser ces phénomènes de pensée positive et de loi d'attraction. Certaines ont bien fonctionné, d'autres, moins bien. J'ai appris avec le temps que, selon les personnes, certaines techniques donnent de bons résultats et d'autres, non. Je vous conseille de trouver vos propres façons de les utiliser. Quant à moi, trois techniques m'ont particulièrement bien réussi.

» La première fut la visualisation. Dès que je le pouvais, je me détendais et je visualisais ma vie comme je la souhaitais. Avec le temps, j'ai appris à y ajouter de plus en plus de détails et de sensations physiques. C'est devenu pratiquement un jeu qui non seulement m'aidait à réaliser concrètement ma vie de rêve, mais qui me procurait de plus des moments de détente et de sécurité.

» La seconde technique m'est venue après la lecture de certains écrits de Neville Goddard. Au cours du siècle dernier, Goddard fut un remarquable enseignant de la métaphysique et de ce que l'on appelait alors la *Nouvelle Pensée*. Dans un de ses meilleurs textes, il comparait l'esprit conscient à l'homme et l'esprit inconscient à la femme. Vous savez comme moi que l'homme dépose une semence dans la femme, qui porte alors un enfant pendant neuf mois avant de le mettre au monde. Selon Goddard, l'esprit conscient joue le même rôle que l'homme. Il émet une semence, une idée, une pensée. Cette pensée se dépose dans l'inconscient et entre en gestation. Au bout d'un temps, à l'image du fœtus dans le corps de la femme, cette pensée prend forme et finit par se matérialiser dans le monde extérieur. J'ai trouvé cette analogie si explicite et pleine de sens que j'en fus transformé. La technique que Goddard recommandait alors est la suivante : avant de s'endormir, l'esprit conscient doit déposer une pensée – ce qu'il souhaite voir se réaliser – dans l'inconscient qui travaillera à sa manifestation durant la nuit, à l'abri des doutes et des peurs qu'entretient généralement l'esprit conscient. J'ai appris ainsi à utiliser à bon escient mes heures de sommeil et, surtout, à ne plus jamais m'endormir sur une inquiétude, une crainte ou un problème. Mes nuits devinrent des périodes de création. Ce fut un outil très puissant.

» La dernière technique est ma propre variante d'une méthode que j'avais trouvée dans un livre. J'ai peint, sur une grande toile, ma vie de rêve. Tout ce que je souhaitais vivre, je l'ai peint. J'ai appelé cette toile "Le tableau de vie". Je ne l'ai jamais montrée à personne, et encore moins vendue. Je l'ai peinte durant l'année où je me préparais à entreprendre ma carrière de peintre. Puis, tout au long de mon cheminement, ce tableau m'a servi de motivation. Avec le temps, je constatais que certaines scènes du tableau s'étaient concrétisées dans ma vie. Quelle formidable sensation de voir que ma vie devenait telle que je l'avais peinte sur mon tableau! Je vous partage là un de mes secrets, Fannie. Ce tableau a eu un effet quasi magique sur ma vie. Pourquoi ne l'essayez-vous pas vous aussi?

– Peut-être… Comme je suis peintre, je pourrais faire la même chose que vous…

– Même si vous n'étiez pas peintre, vous pourriez utiliser cette technique. Un photographe pourrait faire des clichés d'éléments de sa vie de rêve et en faire un montage. Un écrivain pourrait écrire le scénario de sa vie de rêve. Même une personne sans talent artistique peut s'en servir en découpant des images ici et là et en en faisant un montage. L'une de mes bonnes amies rêvait de faire de la télévision. C'était une communicatrice née. Elle visualisa son rêve en découpant une photo d'elle et en la collant sur la photo d'une télévision. Elle plaça cette image bien en vue et s'en servit comme motivation. Avant longtemps, elle fut engagée dans une station de télévision comme animatrice. Son rêve s'était matérialisé. N'est-ce pas une histoire inspirante?

– Certains diraient qu'elle a eu de la chance… », reprit Fannie.

Pour la première fois depuis qu'elle le connaissait, Fannie remarqua une légère exaspération chez David, qui avait laissé échapper un soupir.

« Fannie, nous avons déjà parlé de la chance. Ne revenez pas en arrière. Si vous êtes sérieuse dans votre désir d'avancer vers votre vie de rêve, apprenez à ne plus retourner en arrière. Sinon, vous tournerez en rond, sans aller nulle part. Le temps nous est compté, Fannie. Ne le gaspillons pas à ressasser toujours les mêmes choses. »

Fannie ne comprit pas la dernière remarque de David et n'y porta guère attention.

« Et si l'on mangeait? » reprit David sur un tout autre ton. « Je vous propose un petit resto tout près. Vous m'y emmenez? »

Chapitre 12

« Bonjour, David. Comment va la santé ?

– Bonjour, Lynda. Je me porte bien, merci. »

De toute évidence, David était très connu à ce resto. Tandis que Lynda, la propriétaire, leur assignait une table, des clients et des serveurs le saluaient, tantôt d'un signe de la main, tantôt d'un sourire et d'un signe de la tête.

Une fois qu'ils furent attablés, une jeune serveuse leur remit les menus.

« Bonjour, monsieur Marteens. Vous avez meilleure mine que la dernière fois.

– Merci, Véronique. Je me sens plutôt bien aujourd'hui.

– C'est bon d'entendre cela. On tient à vous, vous savez ! Je vous laisse regarder le menu et je reviens prendre vos commandes.

– Merci, Véronique. Vous êtes gentille », répondit David, un peu embarrassé.

Lorsque la serveuse s'éloigna, Fannie interrogea le peintre sur sa santé.

« Pourquoi tout le monde semble se préoccuper de votre santé, David ? Êtes-vous malade ?

– Je vais bien, ne vous inquiétez pas pour moi. Vous savez, à mon âge, les gens se préoccupent de ma santé. Une toux, une fatigue, un malaise et ils croient que c'est la fin. »

David tendit un menu à Fannie, déviant ainsi la conversation. « Choisissons plutôt ce que nous allons manger au lieu de parler de maladie, voulez-vous ? »

Fannie acquiesça. Elle n'insista pas sur l'état de santé de David. Après tout, il semblait quand même bien se porter pour un homme de son âge.

Rapidement, chacun sélectionna un mets du menu du jour. David choisit le poisson, alors que Fannie opta pour les pâtes. Véronique nota leurs choix et s'en retourna vers la cuisine.

« Il semble que tout le monde vous connaisse ici, fit remarquer Fannie.

— Il serait difficile d'en être autrement. La notoriété que j'ai acquise tout au long de ma carrière m'a retiré mon anonymat. C'est la rançon de la gloire. Je suis reconnu partout. Heureusement, lorsque je suis revenu m'établir ici, dans mon village natal, les gens m'ont accueilli comme l'un des leurs, comme un résident du village avant tout. Pour eux, je suis David Marteens, tout simplement, et non "David Marteens le célèbre peintre".

— Qu'est-ce qui vous a incité à revenir vivre ici ? Je veux dire, vous auriez pu vivre partout dans le monde, dans des endroits merveilleux, près de la mer ou dans une grande ville… Pourquoi ce village ?

— Un jour, alors que j'étais en pleine gloire, je suis tombé sur un article concernant Francis Cabrel, vous savez, le célèbre chanteur français. Il expliquait qu'il avait choisi de retourner vivre dans son village natal pour préserver une vie simple et saine, malgré sa popularité. Il mentionnait entre autres que ça l'aidait à mettre les choses en perspective et à demeurer lui-même, à conserver son intégrité. J'ai trouvé que c'était une excellente idée. C'était exactement ce dont j'avais besoin. Alors, je suis revenu dans mon patelin. Est-ce que c'est mieux qu'ailleurs ? Sûrement pas, mais c'est chez moi. Ici, j'ai la paix. »

Véronique vint leur servir le potage qui accompagnait le menu principal.

« Bon appétit », dit-elle.

Fannie et David remercièrent la serveuse et commencèrent sans tarder à consommer leur potage.

« David, reprit Fannie, lorsque je peins, j'ai l'impression que le temps s'arrête. Des heures peuvent s'écouler. Pourtant, il me semble que seulement quelques minutes viennent de passer. Est-ce que la même chose vous arrive ? »

David sourit.

« Je crois que ce phénomène se produit chaque fois qu'une personne vit vraiment sa passion, sa raison d'exister, répondit-il.

— C'est un curieux phénomène, non ? proposa Fannie entre deux cuillérées de potage.

— En effet ! Encore un phénomène que l'on vit sans le comprendre », ricana David. La remarque fit sourire Fannie. Le peintre ajouta : « Vous voulez savoir ce que j'en pense ?

— Bien sûr, lança Fannie sans hésiter.

— Bon, mais ne vous moquez pas de ma perception, d'accord ? insista David, mi-sérieux, mi-amusé.

— Promis !

— Je me suis beaucoup interrogé sur le temps. Je lisais beaucoup de livres qui insistaient sur l'importance de vivre au moment présent. À force de tourner toutes ces notions dans ma tête, j'ai fini par me dire que le moment présent était en fait l'éternité. »

Fannie faillit s'étouffer avec son potage.

« Quoi ? dit-elle.

— Pensez-y, Fannie. Le passé et l'avenir n'existent pas. Hier n'existe plus, pas plus que l'avant-midi que nous venons de passer ensemble, ni la dernière heure…

— Selon votre raisonnement, même la dernière minute n'existe plus…

— Exactement, pas plus que la dernière parole, si l'on pousse le raisonnement au maximum. Dès que quelque chose est fait, dit ou vécu, c'est déjà du passé. Ces instants ne sont plus là, ils ne sont plus réels. Ils ne sont que souvenirs. Vous me suivez ?

— Je crois que oui, répondit Fannie, sans en être tout à fait certaine.

– Bien. L'avenir, quant à lui, n'existe pas plus que le passé. Ce que je vais dire dans un instant n'existe pas encore, ce moment n'est pas encore réel. Lorsqu'il le sera, il deviendra le moment présent. Puisque le passé et l'avenir n'existent pas vraiment, il ne reste que l'instant présent, un instant présent qui se renouvelle constamment, à l'infini. C'est pourquoi je dis que le moment présent est l'éternité. L'éternité n'est que le moment présent qui se renouvelle sans cesse. Puis, lorsque l'on vit dans le moment présent, entièrement et uniquement, on est dans l'éternité. »

Fannie essaya de saisir la pensée du peintre.

« Est-ce possible ?

– Au stade où l'on est sur la terre et de la façon dont nous avons organisé nos sociétés, c'est pratiquement impossible, je vous le concède.

– Mais qu'est-ce que tout cela a à voir avec la passion ?

– La passion vous absorbe tant et elle centralise tellement toutes vos énergies et votre être que vous entrez dans ce moment présent. Lorsque vous peignez, Fannie, vous entrez dans l'éternité, vous vous retrouvez dans un éternel présent qui se renouvelle. C'est ainsi que des heures vous semblent des minutes. La passion est une porte vers l'éternité.

– Le paradis, quoi ?

– Si vous voulez, répondit calmement David.

– Hum… c'est intéressant. Ça demande d'y réfléchir, mais je trouve votre point de vue intéressant, vraiment. »

Véronique reprit les bols de potage et servit les plats principaux.

« Tout va bien ? Vous avez tout ce qu'il vous faut ?

– Oui, merci, Véronique », répondit poliment David.

Pendant quelques minutes, Fannie et David mangèrent en silence, savourant leur plat respectif.

Au bout d'un moment, Fannie posa une nouvelle question à David : « David, qu'arriverait-il si chacun vivait sa passion ?

– Je crois que notre façon de vivre en collectivité se transformerait positivement et qu'une plus grande harmonie régnerait.

– Hugo, mon amoureux, pense le contraire.

– C'est-à-dire ?

– Eh bien, selon lui, tout sombrerait dans un chaos, car tout le monde voudrait faire la même chose. »

David sourit et prit le temps d'avaler sa bouchée.

« Est-ce qu'Hugo voudrait être peintre lui aussi ? demanda-t-il.

– Oh non ! Il n'a aucun talent pour le dessin, ricana Fannie.

– A-t-il une passion alors ?

– Actuellement, il est agent de bord pour une compagnie aérienne. Ça lui plaît, mais sa passion est la mécanique et les voitures.

– Eh bien, rigola David, il y aurait au moins deux personnes qui ne feraient pas la même chose. »

Fannie rigola à son tour, comprenant bien où voulait en venir David, qui précisa sa pensée.

« Voyez-vous, Fannie, les gens ne partagent pas tous les mêmes passions. Certains rêvent d'être peintres, comme vous, d'autres rêvent d'aménager des parcs, de faire de la décoration, de bâtir des édifices, d'explorer des contrées lointaines, de concevoir des automobiles, de voyager dans l'espace, d'écrire des pièces musicales… Il y a autant de passions qu'il y a de métiers et de loisirs, selon moi.

– Mais Hugo dit toujours : "D'accord, mais qui sortira les poubelles ?" »

David s'amusa de la remarque d'Hugo rapportée par Fannie.

« Parfois, une passion peut mener à régler des problèmes d'ordre pratique, comme les ordures. Prenons, justement, le cas des poubelles.

Savez-vous d'où vient le mot *poubelle* ?

– Non, pas du tout.

– Eh bien, il vient d'Eugène-René Poubelle…

– Vous vous moquez de moi ?

– Pas du tout. Eugène-René Poubelle était un préfet de la magistrature parisienne. Sa passion pour l'amélioration des conditions de vie de ses semblables le mena à inventer un récipient dans lequel les Parisiens des années 1880 pouvaient jeter leurs ordures qui, jusque-là, étaient éparpillées dans les rues et les cours. On nomme le récipient en question une "poubelle", selon le nom de son inventeur.

– Je ne savais rien de tout cela.

– Je ne crois pas que la passion de ce monsieur Poubelle était les ordures. Elle était plutôt orientée vers l'amélioration de la vie des gens. Ce qu'il fit d'ailleurs, car non seulement son invention purifia Paris, mais elle sauva des vies, par une hygiène commune nettement améliorée. Alors, je crois qu'aujourd'hui encore, une personne passionnée par l'amélioration des conditions de vie pourrait inventer un meilleur système pour se défaire des déchets que ces immenses camions qui se promènent dans les rues chaque semaine. La passion, chère Fannie, vous poussera à créer ce qui n'a jamais été fait auparavant, à dépasser les limites existantes et à atteindre des niveaux insoupçonnés. Ne l'oubliez jamais. »

Fannie mangea silencieusement en pensant aux paroles de David. Elle se souvint qu'Hugo lui avait parlé déjà des frères Wright, qui étaient si passionnés par l'idée de voler dans le ciel qu'ils finirent par inventer une machine à voler, un avion rudimentaire qui révolutionna le transport et la vie en général. Cet autre exemple venait appuyer ce que soutenait David Marteens.

Au bout d'un moment, la serveuse tira Fannie de ses réflexions.

« Vous avez terminé, madame ?

– Euh… oui, merci, c'était délicieux.

– Vous, monsieur Marteens, terminé aussi ?

– Oui, merci, Véronique. Vous direz au chef que son poisson était très réussi.

– Merci, monsieur Marteens. Je lui dirai. Je vous apporte un café ?

– Un thé vert pour moi. Et pour vous, Fannie ?

– La même chose, s'il vous plaît.

– Tout de suite, monsieur et madame », lança Véronique en repartant vers la cuisine.

David reprit la conversation : « Observez les gens autour de vous, interrogez-les sur ce qui les passionne et sur la vie qu'ils auraient voulu vivre. Vous constaterez que la plupart d'entre eux n'ont pas suivi leurs rêves. Souvent, ils mènent une vie tout à fait éloignée de leur passion et de leur rêve. Ils vous donneront toutes sortes de raisons pour expliquer le fait qu'ils aient abdiqué devant leurs rêves. Leurs paroles seront teintées d'amertume et de regrets. D'autres personnes œuvrent dans un domaine relié à leur rêve, mais elles n'ont pas réussi à suivre leur passion jusqu'au bout. Par exemple, un mécanicien en aviation aurait peut-être rêvé d'être pilote d'avion. Voyez-vous, il est tout près de son rêve, mais il ne l'a pas atteint.

– Mais pourquoi donc en est-il ainsi, David ? Pourquoi n'arrive-t-on pas à vivre notre rêve ?

– En partie à cause d'un conformisme aberrant que l'on se transmet d'une génération à l'autre. Nos parents ont appris de leurs parents à travailler pour gagner leur vie et se mériter une retraite dorée. Et, à notre tour, nous transmettons cette conception de la vie. Nous devrions plutôt enseigner aux enfants à identifier d'abord leur passion puis à l'exploiter, pour leur bonheur et le bénéfice de toute la collectivité. Cependant, la plupart d'entre nous ne voyons pas les signes qui nous permettraient d'aider nos enfants à découvrir leur passion et partir à la conquête de leurs rêves. À la place, nous les motivons à étudier le plus longtemps possible afin de dénicher ensuite un emploi très rémunérateur. Mais est-ce cela le bonheur ? Un jour, j'ai fait la rencontre d'un jeune homme de 19 ans qui était particulièrement heureux et épanoui pour son jeune âge. Il partageait la passion de son père pour les chevaux. Son père en possédait plus de quarante et il en tirait un très bon revenu. Le jeune homme venait de terminer un cours de maréchal-ferrant – un métier peu commun de nos jours, vous en conviendrez – et il était déjà très en demande. Tandis que ses amis se démenaient pour trouver une option universitaire qui ne soit pas contingentée et serait prometteuse d'un bon salaire, ce jeune homme filait le parfait bonheur en vivant déjà sa passion. Sans doute ne deviendra-t-il jamais millionnaire ni célèbre en exerçant ce métier, mais il vivra une vie passionnante, épanouie et heureuse, comme peu de gens peuvent se vanter de connaître. N'est-ce pas cela, la réussite, Fannie ?

– Son histoire est inspirante…

– Son plan d'avenir était simple : continuer à exercer son métier de maréchal-ferrant et reprendre l'écurie de son père lorsque celui-ci arrêterait de travailler. *C'est-à-dire lorsqu'il mourra*, m'avait alors confié le jeune homme dans un large sourire. Car la retraite n'existe pas pour les passionnés. »

Véronique déposa les tasses de thé sur la table. « Monsieur Marteens, une seule addition ? demanda-t-elle.

– Bien sûr, Véronique. Fannie est mon invitée. »

Véronique sourit à Fannie et s'en retourna.

« Oh, David, c'est gentil, mais je ne veux pas abuser de votre générosité. Vous me consacrez déjà votre temps…

– Je vous en prie, Fannie. C'est un plaisir de partager ces instants avec vous et de discuter de sujets aussi importants. »

David prit une gorgée de thé, ce que Fannie fit également. Puis, le peintre reprit : « Dans vos observations, vous noterez que des personnes ne vivent pas leur rêve, mais elles n'en sont pas malheureuses. Du moins, elles ne le semblent pas. Elles mènent une existence où le rêve n'est pas présent, pas plus que la passion, mais cette existence leur suffit. D'autres vont exploiter leurs passions ici et là, à l'occasion, comme loisirs.

— Au moins, elles n'ont pas la frustration et le sentiment de vide que moi, je connais.

— Peut-être, mais il n'en demeure pas moins que ces personnes ne réalisent pas leur véritable destinée et privent ainsi le monde de leurs talents, de leurs savoir-faire ou de leurs connaissances.

— Que voulez-vous dire ? demanda Fannie entre deux gorgées de thé.

— Lorsque vous avez un talent particulier, une passion qui vous anime ou une habileté quelconque, vous avez la responsabilité de l'exploiter et d'en faire bénéficier le monde autour de vous. Cela ajoute une tout autre dimension au rêve. Vivre votre rêve est non seulement essentiel à votre propre bonheur et à votre épanouissement, mais c'est aussi une responsabilité envers les autres. Vous devez exploiter votre talent pour en faire bénéficier l'humanité, peu importe le niveau. Votre rêve permettra peut-être d'embellir ou d'adoucir la vie des autres, d'élever la conscience de l'humanité, de régler un problème de la vie humaine, d'inventer une machine quelconque pour faciliter la vie quotidienne. Peu importe ce que c'est. Par ce que vous êtes, par votre talent, par votre don, vous êtes unique et l'Univers attend de vous que vous remplissiez votre rôle pour que la vie soit meilleure. Ne pas vivre son rêve est non seulement une désolation pour la personne elle-même, mais c'est de plus une perte pour l'humanité. »

Fannie était étonnée de cette vision peu commune. David reprit : « Chaque être humain a une passion et un rêve. Même si quelqu'un d'autre partage ce rêve ou cette passion, il est le seul à pouvoir toucher un aspect précis de la vie, d'une manière précise. Personne d'autre ne peut réaliser ce qu'il est venu réaliser. »

David fit une pause et il s'avança vers Fannie.

« Pouvez-vous imaginer, Fannie, ce que serait la vie sur terre si chacun avait suivi sa passion et son rêve et avait donné au monde le meilleur de lui-même ? Et l'inverse est tout aussi vrai : que serait notre vie si les Edison, Curie, Wright, Disney, Ford, Lennon, Jobs de ce monde n'avaient pas suivi leur passion et réaliser leur rêve ? »

Fannie resta pensive, absorbée dans la compréhension de cette vision peu ordinaire du rêve et de la passion. David reprit d'une voix douce : « Mon rêve et ma passion m'ont apporté la gloire, la fortune et le succès. J'ai embelli la vie des gens. J'ai poussé mon art au maximum de ce que je pouvais atteindre. Puis, je l'ai orienté vers l'ouverture de conscience concernant la nature et la nécessité de la préserver. Ce fut ma seconde mission. Ça m'a amené à créer l'*Académie des arts en nature* et à acheter ce majestueux terrain, que je protège jalousement et qu'une fondation continuera à protéger lorsque je serai parti. Et, en fin de vie, je me suis trouvé une nouvelle mission : aider les gens comme vous à réaliser leur rêve et du coup à améliorer la vie en général. Je le fais avec passion, comme tout ce que j'ai fait depuis quarante ans. »

David termina son thé. Silencieuse, Fannie réfléchissait en fixant la table.

« Qu'allez-vous faire, maintenant ? » lui demanda David.

Fannie sortit de ses réflexions.

« Vous êtes dorénavant à la véritable croisée des chemins, Fannie, reprit David. Avez-vous un plan pour la suite ? Savez-vous quelle route choisir ? »

Fannie se racla la gorge avant de répondre.

« Eh bien, depuis hier, j'ai réfléchi et j'ai pensé à une ou deux façons de gagner un revenu en peignant, un peu comme vous l'avez fait. Entre autres, j'ai pensé peindre des portraits d'animaux avec leur propriétaire. Je crois que ce genre de services n'est pas très fréquent…

– C'est une excellente idée, Fannie, approuva David.

– Puis, il y a les cartes, les reproductions et les expositions en galerie, sans compter Internet. J'aimerais avoir un site pour faire connaître mes œuvres…

– Bien, très bien. N'oubliez jamais que vous ignorez jusqu'où vous mènera chacune des actions que vous ferez. Inspirez-vous de ma propre histoire. Acceptez que pour un temps, vous gagnerez possiblement moins d'argent, mais vous vivrez plus de moments heureux. »

Fannie sourit. Dans son cœur, elle visait l'ébauche d'un plan pour réaliser son rêve. Elle devait encore composer avec son insécurité et ses doutes. Au moins, sa route semblait se dessiner.

Au moment de quitter le restaurant, David demanda deux faveurs à Fannie : « Fannie, me feriez-vous l'honneur de passer le reste de la journée à peindre à mes côtés ? Ce serait un réel bonheur. »

Fannie sourit, un peu intimidée : « David, c'est beaucoup plus un honneur pour moi que pour vous… vous êtes d'une telle délicatesse.

– Vous me flattez, chère Fannie. J'ai autre chose à vous demander. J'ai encore un secret à vous dire, peut-être le plus important de tout ce que je vous ai appris. Me promettez-vous de venir me rencontrer, une dernière fois si vous voulez, vendredi prochain ? »

Fannie sourit et prit la main du peintre.

« Je vous le promets, David.

– Eh, bien, il ne nous reste plus qu'à retourner à l'académie et à peindre.

– Allons-y ! » lança Fannie, sans se douter que la destinée est rarement un long fleuve tranquille.

Chapitre 13

*F*annie était revenue à la maison, le cœur plus léger que jamais auparavant. Sa décision se précisait de plus en plus. Oh! elle ressentait encore des tiraillements intérieurs et de la peur, mais elle était de plus en plus convaincue que son chemin vers le bonheur passait inévitablement par la poursuite de ses rêves.

Surtout, David Marteens lui avait montré une voie pour y parvenir. Elle s'inspirerait de son histoire. Elle avait toujours cru que pour suivre son rêve, elle devrait tout quitter du jour au lendemain, ce qui la terrorisait. Elle avait compris, avec Marteens, qu'elle pouvait se préparer pendant un temps et graduellement changer sa vie. Elle jugeait cette façon de faire sage et sécurisante. Et c'est ainsi qu'elle avait choisi de procéder.

En attendant qu'Hugo rentre en soirée, Fannie avait passé la journée de dimanche à rédiger un plan d'action qui s'étalerait sur un peu plus d'un an. Elle avait calculé les sommes accumulées dans ses rentes, elle avait aussi considéré des changements à apporter à sa vie pour diminuer ses dépenses et ainsi économiser. Surtout, elle avait établi une stratégie pour tirer un revenu de ses toiles et de son talent et se faire connaître du public. Elle envisageait de produire des cartes et des reproductions, elle pensait offrir ses services personnalisés pour peindre des animaux avec leur maître, elle avait conçu de quelle façon elle ferait sa publicité et elle avait élaboré tout un plan auprès du public et des galeries.

Si David Marteens avait réussi avec un plan presque similaire au sien, Fannie croyait de plus en plus en sa propre réussite, d'autant plus que, contrairement à Marteens qui était seul, elle avait la chance d'avoir Hugo pour contribuer au revenu du couple. Bien sûr, elle devrait encore le convaincre du bien-fondé de sa démarche et de la réussite de son projet, mais elle était convaincue d'y parvenir. Après tout, Hugo l'aimait profondément et il voulait son bonheur. Puis, Fannie avait longtemps supporté presque à elle seule le poids financier du couple lorsque Hugo terminait son cours d'agent de bord. Sûrement voudrait-il lui rendre la pareille.

L'enthousiasme de Fannie allait toutefois être broyé par une mauvaise nouvelle.

Dès qu'Hugo pénétra dans la maison, Fannie sut que quelque chose n'allait pas. Hugo était blême et affichait un air dépité. Il salua Fannie, l'embrassa et s'assit à la table. Fannie prit place en face de lui.

« Que se passe-t-il, Hugo ? » demanda-t-elle, inquiète.

Hugo poussa un très long soupir, tandis que ses yeux roulaient dans l'eau.

« Fannie, j'ai une mauvaise nouvelle à t'annoncer. »

Il prit une profonde respiration et poursuivit : « L'entreprise a annoncé des suppressions de postes... »

Fannie devina ce qu'elle ne voulait pas entendre.

« ... et mon poste fait partie de ces *coupures*. Depuis ce midi, je n'ai plus d'emploi », termina Hugo en sanglotant.

Pendant quelques instants, Fannie ne put prononcer un mot. Tout son plan s'écroulait, toute son insécurité refaisait surface. Elle sentait son conjoint fragile et inquiet. Fannie sentit son cœur s'alourdir et se refermer, lui qui était pourtant si léger et si ouvert quelques instants auparavant. Elle ravala son amertume et sa déception.

« Fannie, je ne veux pas que nous perdions ce que nous avons, lança Hugo, au bord du désespoir.

– Peut-être trouveras-tu un autre emploi d'agent de bord chez un compétiteur... », suggéra Fannie, sans trop y croire elle-même.

Hugo secoua la tête.

« C'est pratiquement impossible. Les autres organisations viennent elles aussi de réduire leur personnel.

– Mais, tu as droit à des prestations de chômage, non ?

– Oui, mais pour si peu de temps. Et encore, ce ne sera pas le plein salaire. Fannie, notre seule chance actuellement est que tu obtiennes cette promotion à ton travail. L'augmentation de ton salaire comblerait une partie de ma perte de revenus. »

Fannie regarda Hugo dans les yeux. Comment pouvait-elle à ce moment-là lui parler de ses projets de démissionner un jour de son emploi pour se consacrer à sa passion ? Elle sentit tous ses rêves et ses espoirs s'écrouler comme un château de cartes.

« Fannie, reprit Hugo sur un ton suppliant, promets-moi de tout faire pour obtenir cette promotion. Je t'en prie, fais-le pour moi, pour nous deux. »

Fannie baissa les yeux et ravala sa peine. Pendant quelques instants, elle jongla avec la possibilité de tout de même aller de l'avant avec son projet, mais elle se ravisa. La culpabilité, le sens du devoir et la pression involontaire exercée par Hugo eurent raison de ses rêves.

« Je te le promets, Hugo. Je vais tout faire pour avoir cette promotion, dit-elle d'une voix éteinte.

– Merci, ma chérie. Ça me donne un peu d'espoir. Merci. De mon côté, je vais tout faire pour me trouver un autre boulot. Nous sommes "en mode survie", Fannie. »

« *En mode survie* », pensa Fannie, *je l'ai toujours été, il me semble.*

Ce soir-là, Fannie monta à son atelier. Elle remisa ses toiles, elle plia soigneusement son plan d'action qu'elle avait mis la journée à rédiger et elle le rangea dans un coffre. Elle eut l'impression d'y remiser aussi son cœur. Elle avait promis à Hugo de tout faire pour obtenir un poste de niveau supérieur. Elle savait que la course à ce poste, et pire encore, l'obtention de ce poste, exigerait d'elle encore plus d'heures de travail, et donc beaucoup moins de temps pour peindre, pour se préparer à vivre de sa passion. Elle conclut qu'il valait mieux oublier tout cela et elle essaya de se convaincre que c'était mieux ainsi.

Après tout, pensa-t-elle, *ça n'aurait sans doute jamais fonctionné. C'était un beau rêve, mais je n'ai plus le temps ni les moyens de rêver.*

Cette nuit-là, Fannie ne dormit pas. Dans la pénombre de sa chambre, elle fit silencieusement ses adieux à David Marteens. Puisqu'elle avait promis à Hugo d'obtenir la promotion, elle préférait ne plus revoir Marteens. Les rencontres seraient trop douloureuses et, de toute façon, elles seraient inutiles. Elle se dit qu'elle n'avait pas tout perdu puisqu'elle avait au moins eu la chance de rencontrer son idole. Lentement, elle se métamorphosait. Elle se préparait à se battre pour obtenir le « poste de survie », comme elle l'appelait intérieurement. Pour se donner le maximum de chances, elle devait concentrer toutes ses énergies et ses pensées sur le travail. Valait mieux éviter les distractions.

Au diable la destinée !

Chapitre 14

annie entra au travail les dents serrées et les sourcils froncés. À la première heure, elle réunit les membres de son équipe et leur annonça ses couleurs. D'ici la fin de la semaine, leurs objectifs devaient non seulement être atteints, mais elle s'attendait à ce qu'ils soient même dépassés. Elle n'accepta aucune excuse et ne permit aucun dialogue. Elle était la chef d'équipe et les autres devaient suivre ses ordres. Point à la ligne.

Elle fit semblant d'ignorer la frustration des membres de son équipe. Même Robert, son fidèle collaborateur, maugréa contre cette ligne dure adoptée par Fannie. Même si elle sentit très bien que personne ne l'approuvait, Fannie demeura de marbre et se plongea dans le travail.

Toute la semaine, Fannie et son équipe restèrent après les heures normales pour accomplir plus de boulot. Fannie poussa les gens au bout de leurs ressources, mais elle s'en soucia peu. Après tout, elle était « en mode survie ». Elle était à la guerre, car la compétition pour l'obtention du poste de niveau supérieur était féroce.

Même Jennice était sur les rangs pour l'obtention du poste. Les deux amies avaient parfaitement conscience qu'elles étaient les candidates les plus considérées pour la promotion. Elles se sentaient nez à nez dans cette course effarante. Pour Jennice, tout comme pour Fannie, la seule option pour se démarquer était de démontrer leur *leadership* et leur capacité à atteindre – et à dépasser, si possible – leurs objectifs.

Elles mirent autant d'énergie et d'efforts l'une comme l'autre. Elles travaillèrent tard le soir tandis qu'elles rentraient plus tôt le matin. Elles s'éloignèrent volontairement l'une de l'autre, bien conscientes qu'elles ne pouvaient aucunement se permettre de fraterniser avec l'« ennemi ». À la guerre comme à la guerre! L'enjeu était trop important pour toute autre considération que la victoire. On vit à plusieurs reprises Fannie dîner avec madame Johansen. Fannie profitait de ces moments pour faire valoir son intérêt – faux mais nécessaire – pour la gestion supérieure et les plans de carrière de l'entreprise.

Jennice se froissa de cette tactique de Fannie. Tout le monde savait que madame Johansen avait une préférence envers Fannie. Jennice jugeait que Fannie n'avait pas besoin de faire semblant de raffoler de ses heures de dîner avec la directrice pour gagner des points. Jennice connaissait bien les véritables états d'âme de Fannie. Elle savait que Fannie jouait le jeu en vue d'obtenir le poste, alors qu'elle, elle était réellement motivée à l'idée de continuer à gravir les échelons au sein de l'organisation.

C'est ainsi que la féroce compétition devint rapidement un duel à finir entre Fannie et Jennice et qu'un froid s'installa entre elles.

Le jeudi, en soirée, Fannie rentra à la maison, épuisée et affligée d'une terrible migraine. Cela dit, elle était satisfaite de sa semaine au bureau. Il restait une autre journée de travail avant la fin de semaine et déjà son équipe avait atteint ses objectifs. En poussant encore un peu plus ses équipiers, Fannie connaîtrait une semaine record au sein de l'entreprise.

Madame Johansen en était très impressionnée. Elle n'avait pas manqué de le laisser savoir à Fannie, tout comme elle lui avait témoigné son appréciation de la voir rentrer au boulot vendredi plutôt que de prendre le troisième congé qui avait été prévu.

Fannie sentit qu'elle avait marqué des points durant la semaine. Elle avait bon espoir d'obtenir le poste.

En se couchant, tard en soirée, Fannie pensa brièvement à David Marteens à qui elle avait promis une rencontre le lendemain, pour une dernière fois. Tout cela lui semblait si loin déjà. Épuisée, elle s'endormit, ni heureuse ni malheureuse, mais satisfaite.

David Marteens attendait en silence là où il avait donné rendez-vous à Fannie. Assis sur la même pierre que les fois précédentes, il admirait calmement le lac et la nature qui l'entourait.

Au bout de deux heures, il se leva péniblement, en grimaçant de douleur et en se tenant la poitrine. Il se redressa, respira profondément et retourna lentement à sa demeure.

Il rentra chez lui, ni heureux ni malheureux, mais désolé.

Chapitre 15

*P*endant une semaine, personne ne sut qui obtiendrait le poste convoité. Tout comme Jennice, Fannie ne relâcha nullement ses efforts et elle offrit une performance remarquable pour une deuxième semaine d'affilée. Son équipe dépassa de nouveau les objectifs fixés, même si, pour y arriver, chacun dut travailler plus de cinquante heures. Le mécontentement général se faisait toujours sentir, mais Fannie n'y prêtait pas attention.

Finalement, le vendredi, à quinze heures, Fannie fut convoquée dans le bureau de madame Johansen, où cette dernière et le directeur général, monsieur Walberg, l'accueillirent.

Fannie les salua et s'assit, anxieuse de connaître la décision de ses patrons.

Madame Johansen ne tarda pas à lui communiquer.

« Fannie, nous sommes très fiers de toi. Tu as démontré, au cours des deux dernières semaines, un excellent *leadership* et de formidables capacités de travail. Tu as relevé les défis avec brio, tu as fait preuve d'ardeur acharnée et tu as su composer avec la pression de cette course à la promotion. Nous te félicitons et nous sommes heureux de t'annoncer que tu as le poste. Tu es maintenant directrice de service.

– Félicitations, madame Létourneau, ajouta le directeur général. Nous avons besoin d'employés comme vous. »

Fannie poussa un long soupir de soulagement et versa quelques larmes en remerciant madame Johansen et monsieur Walberg de leur confiance. Épuisée comme elle l'était, elle aurait pu éclater en sanglots, mais elle sut se contenir, désireuse de ne pas laisser transparaître trop d'émotivité, ce qui aurait nui à son image auprès des dirigeants.

Après l'échange de sourires et de poignées de main, madame Johansen mit fin abruptement aux réjouissances.

« Le défi qui t'attend est énorme, Fannie. Tu seras responsable de six équipes de cinq personnes chacune. Tu ne devras pas compter tes heures si tu veux réussir dans tes nouvelles fonctions. Les deux dernières semaines ne sont qu'un prélude des efforts qui te seront exigés. Je sais que tu vas réussir. Tu es celle que j'ai choisie, Fannie. Ne me fais pas regretter mon choix. »

Fannie ravala sourires, soulagement et joie.

« Soyez sans crainte, madame Johansen. Je ne vous décevrai pas. Merci encore.

— Bien, Fannie. L'annonce officielle sera faite lundi matin à la cafétéria. D'ici là, je te remets les dossiers de chacune des équipes pour que tu puisses les éplucher au cours de la fin de semaine. »

Fannie prit les dossiers que madame Johansen lui tendait. À peine nommée directrice de service, Fannie se sentait déjà moins libre et constatait l'imposant boulot qui l'attendait.

$$\textit{\&\& \&\& \&}$$

Fannie rentra chez elle et invita Hugo à une sortie au restaurant pour lui annoncer la nouvelle.

« Bravo ! lança un Hugo heureux et visiblement soulagé. Je savais que tu y arriverais, Fannie. »

Fannie lui sourit en retour, sans grand enthousiasme. Hugo ne s'en offusqua pas et reprit : « L'augmentation de salaire que tu auras va nous permettre de conserver le même train de vie jusqu'à ce que je déniche un autre emploi. Puis, lorsque j'aurai trouvé ce travail, nous pourrons nous gâter encore plus.

— Nous endetter encore plus, tu veux dire ? »

Hugo ne dit rien. Fannie se confia à son amoureux.

« Hugo, j'ai peur.

— De quoi as-tu peur, ma chérie ?

— Ce travail exigera encore plus d'heures au bureau. Tiens, déjà j'ai du travail pour toute la fin de semaine et je n'ai pas encore commencé mes nouvelles fonctions…

– Fannie, c'est la loi du travail. On te donne un meilleur salaire, mais on exige plus de toi. C'est normal. Pense à tous les avantages que te procureront les sacrifices que tu feras.

– C'est peut-être justement ça, le problème. On pense aux avantages et on oublie de considérer les désavantages.

– Que veux-tu dire ? s'étonna Hugo.

– Toutes ces heures supplémentaires que je devrai passer à travailler, ce sont des heures que nous n'aurons pas pour nous deux, ce sont des heures que je n'aurai pas pour vivre ma vie.

– La vie, ça se gagne, Fannie. On doit gagner notre vie, tu le sais bien.

– Ouais, et bien moi, j'ai plutôt l'impression de la perdre que de la gagner. »

Hugo recula sa chaise, visiblement contrarié.

« Je ne te comprends pas. Tu viens d'obtenir une promotion qui te rapportera 20 000 $ de plus par année, avec en prime une semaine de vacances supplémentaire par année, des possibilités de bonis et un plan de carrière qui devient de plus en plus prometteur. Que veux-tu de plus ?

– Je voudrais vivre, Hugo, vivre comme je l'entends, vivre comme j'en rêve. Je voudrais passer les journées de mes meilleures années de vie à faire ce qui me passionne et ne plus rentrer à la maison avec ces foutues migraines et ce stress qui m'empoisonne l'existence. Je voudrais être heureuse, Hugo. Est-ce trop demander ? répondit Fannie, en haussant le ton.

– Reviens sur terre, ma pauvre Fannie. C'est ça, la vie. Tu devrais t'estimer heureuse d'avoir un tel emploi. Puis, tu crois que tu es la seule à refouler des rêves et à te résigner à travailler dans un boulot quelconque ? Tu crois que je n'en ai pas, des rêves, moi aussi ? » cria Hugo.

Fannie sauta sur l'ouverture qu'Hugo lui offrait.

« Tu as un rêve que tu refoules, Hugo ? demanda-t-elle.

– Qu'est-ce que tu crois ? Tout le monde a un tel rêve. Moi aussi, et je ne te menace pas constamment de tout quitter pour me consacrer à ce rêve. »

Les clients du restaurant jetaient des regards étonnés à ce couple qui se disputait alors qu'il devait célébrer une bonne nouvelle.

Fannie resta silencieuse quelques instants. Elle venait de comprendre à quel point Hugo s'inquiétait de l'aspect financier. Il se sentait menacé par le désir de Fannie de vivre son rêve. Elle comprit que c'était cette grande insécurité qui poussait Hugo à dénigrer le rêve de Fannie et à la motiver à obtenir cette fameuse promotion.

Fannie décida de changer d'approche et utilisa un ton de voix plus conciliant.

« Quel est ton rêve, Hugo ? Quelle serait cette passion qui t'animerait si tu n'avais pas à considérer l'aspect financier ?

– À quoi bon parler de cela puisque je n'ai pas les moyens de vivre ce rêve ?

– Allez, pour le plaisir de rêver justement… »

Hugo resta songeur quelques minutes, puis s'adoucit et accepta de parler de son rêve.

« Eh bien, mon rêve, ma passion serait de dénicher des bagnoles des années 50 et 60, de les acheter à bas prix, de les retaper complètement – c'est là tout le plaisir de la démarche – et de les revendre à prix fort à des collectionneurs. »

Fannie lui sourit.

« Où dénicherais-tu ces vieilles bagnoles ? »

Fannie n'avait eu besoin que de cette seule question pour qu'Hugo se mette à lui expliquer de long en large comment il s'y prendrait, comment il réparerait les voitures, où il les revendrait. Il parla pendant plus de trente minutes, avec passion et des éclats de lumière dans les yeux.

Fannie n'en revenait pas d'entendre son amoureux parler de son rêve avec tant de passion.

« Hugo, pourquoi ne le fais-tu pas ? Pourquoi ne profites-tu pas de ce temps de chômage pour te lancer à la conquête de ton rêve ? »

Hugo prit une bouchée de l'excellent filet mignon qu'il dégustait. Puis, il but une longue gorgée du vin dispendieux qu'il avait commandé.

« Parce que je veux continuer à manger de tels repas et à boire d'aussi bons vins que celui-ci », finit-il par dire.

Chapitre 16

Comme prévu, madame Johansen réunit les gens de tous les services, le lundi suivant, afin d'annoncer la nomination de Fannie au poste de directrice de service. Avec un malaise camouflé sous un enthousiasme artificiel, Fannie adressa quelques mots aux personnes présentes, d'abord pour remercier madame Johansen et monsieur Walberg pour leur confiance puis pour lancer un message de ralliement aux cinq chefs d'équipe afin de les motiver à travailler dans un même but d'efficacité. Du coin de l'œil, Fannie avait aperçu Jennice, appuyée sur l'embrasure de la porte de la cafétéria, en retrait. Fannie savait bien que, dorénavant, l'amitié entre elle et Jennice était remise en question. Non seulement Jennice ne pardonnait pas à Fannie d'avoir joué une mascarade pour obtenir un poste qu'elle ne désirait pas vraiment, contrairement à elle, mais de plus, Fannie devenait sa supérieure. Entre les deux amies, l'atmosphère allait être aussi froide que les longs mois d'hiver qui s'annonçaient.

Et l'hiver fut particulièrement difficile pour tout le monde.

Jennice évitait les contacts avec Fannie. Elle s'en tenait à une relation de supérieure-subordonnée. Son mutisme faisait mal à Fannie, et malgré plusieurs efforts de cette dernière, la relation se détériora au fil des mois.

Les membres de l'équipe que Fannie avait supervisée au cours des dernières années manifestaient tous des signes de mécontentement et d'épuisement. Leur nouveau chef d'équipe était particulièrement austère et exigeant. Tous regrettaient le départ de Fannie.

Hugo, malgré de louables efforts, ne parvint pas à trouver un nouvel emploi dans l'aviation. Il dut se résigner, après plusieurs mois, à accepter un poste de bureaucratie, moins bien payé que son emploi précédent, mais surtout beaucoup moins intéressant. Lui qui aimait bouger et travailler manuellement, il était confiné à un bureau toute la journée. Il revenait souvent à la maison frustré et maussade.

Et Fannie dans tout cela? Elle était malheureuse et épuisée. Son poste de directrice exigeait d'elle énormément de travail. Il n'était pas rare de la voir partir de la maison très tôt le matin et revenir vers dix-neuf ou vingt heures. La haute direction mettait beaucoup de pression sur elle. La somme de travail était colossale, et ce, sans compter les conflits à gérer entre les équipes et les troupes à motiver et à secouer de temps à autre.

Fannie trouva l'hiver long et pénible. Les migraines dont elle souffrait à l'occasion augmentèrent en intensité et en fréquence. Aussi, l'argent en surplus qu'elle gagnait dans ses nouvelles fonctions suffisait tout juste à couvrir la diminution de salaire d'Hugo. Finalement, elle travaillait beaucoup plus sans avoir plus d'argent pour autant. Oh! Noël lui avait bien offert un léger répit, mais la reprise du boulot en janvier n'en avait été que plus difficile.

Et son rêve dans tout cela? À l'image de la nature en hiver, il semblait endormi. Fannie ne toucha pas à ses pinceaux durant plus de six mois.

Cependant, le bourgeon que l'on croit mort n'a souvent besoin que d'un signe du printemps pour reprendre vie. Et avril s'annonçait.

Chapitre 17

*L*e soleil d'avril avait fait fondre la neige et réchauffé le sol. Déjà, des fleurs manifestaient leur présence par des couleurs de plus en plus diversifiées. Les arbres déballaient lentement, au fil des jours, leurs nouvelles feuilles d'un vert tendre. Le vent se faisait doux. Le printemps battait son plein.

Pour Fannie, le printemps allait en être un de renaissance. Cependant, c'était par la tragédie que cette renaissance allait s'accomplir. Deux événements allaient ébranler Fannie. Le premier survint le 16 avril précisément. Ce matin-là, en entrant au travail, Fannie ressentit une drôle d'ambiance. Des gens discutaient entre eux dans plusieurs secteurs du bureau, certains pleuraient et Fannie remarqua que la plupart d'entre eux affichaient une mine déconfite.

À peine Fannie s'était-elle assise à son bureau que Marguerite, une de ses anciennes équipières, lui annonça une terrible nouvelle.

« Fannie, je suis désolée de te déranger, mais tu ne sembles pas au courant…

– Au courant de quoi? insista Fannie, inquiète.

– Eh bien, ça concerne Robert… »

Robert? Son plus fidèle collaborateur?

« Quoi, Robert? Qu'est-il arrivé à Robert? »

Marguerite avait les yeux rougis par la peine. Elle avait de la difficulté à parler de ce qui était arrivé à Robert.

« Il… il a été victime d'un ACV hier soir, chez lui…

– Quoi? » Fannie n'arrivait pas à y croire. « Qui te l'a dit? En es-tu certaine? »

Marguerite baissa la tête, puis reprit: « Malheureusement, c'est vrai. Sa femme nous a téléphoné tôt ce matin. Il est à l'hôpital. »

Fannie était abasourdie et émue, mais elle devait se ressaisir et afficher son *leadership*. C'est ce que l'on attendait d'une directrice de service. Ravalant sa peine et calmant son inquiétude pour Robert, elle convoqua une réunion d'urgence avec le personnel composant les cinq équipes qu'elle supervisait. Elle improvisa un discours rassurant, en promettant à tous qu'elle essaierait d'avoir des nouvelles de Robert et de les leur communiquer. Elle insista, à contrecœur, sur l'importance de combler la perte de Robert par un effort accru de la part de chaque personne et sur la responsabilité professionnelle qui leur incombait. Il fallait mettre de côté les émotions et se remettre au boulot.

Si la haute direction avait favorablement évalué la réaction de Fannie, il n'en était pas de même du côté de son personnel. Les gens auraient aimé plus de compassion et auraient souhaité avoir la possibilité de ventiler leurs émotions en parlant de la tragédie. Fannie ne souhaitait que la même chose au fond d'elle-même, mais son rôle ne le lui permettait pas.

Après plusieurs tentatives, ce n'est qu'en fin de journée que Fannie réussit à joindre Ginette, la femme de Robert, au téléphone.

Ginette avait répondu d'une voix éteinte, ce qui ne laissait présager rien de bon du côté des nouvelles.

« Bonjour, Ginette. Fannie Létourneau à l'appareil, je suis la directrice du service pour lequel travaille Robert…

– Je sais qui vous êtes, Robert m'a souvent parlé de vous », répondit Ginette.

Fannie demanda des nouvelles de Robert.

« Les nouvelles ne sont pas bonnes, dit Ginette en sanglotant. Les médecins m'ont informée que son cerveau avait subi des dommages importants. Tout le côté droit du corps de Robert est paralysé et les médecins croient que ce sera permanent. Ils estiment qu'il pourra éventuellement marcher avec un appareil de soutien quelconque, mais après une longue réadaptation. Quant à son bras droit, il n'a pratiquement aucune chance d'en retrouver l'usage. »

Fannie se sentait terriblement peinée pour Robert et sa femme.

« Comment se sent-il ? Je veux dire, son moral, comment se porte-t-il ? » demanda-t-elle.

Cette fois, Ginette éclata en sanglots et eut de la difficulté à répondre.

« Il… pleure beaucoup… Il vit une énorme déception… Il était à quelques semaines de sa retraite… Il avait tellement hâte de pouvoir s'adonner entièrement à sa passion…

— Sa passion, vous dites ? »

Ginette renifla et reprit le contrôle de ses émotions.

« La passion de mon Robert, c'était de fabriquer des meubles. Il était si habile. Il venait de se procurer des outils neufs et il avait déjà un carnet de commandes bien garni.

— Je suis tellement navrée, Ginette. J'ignorais tout de la passion de Robert. Il n'en parlait jamais ici.

— Pourtant, c'était ce qui l'intéressait le plus dans la vie. Toute sa vie, il aurait voulu vivre de son talent. Pauvre Robert, il était tellement heureux de pouvoir enfin vivre son rêve, mais ce sera impossible… »

Fannie était sous le choc. En quelques secondes, tellement de pensées lui traversèrent l'esprit qu'elle n'arrivait pas à se concentrer sur les paroles de Ginette. Elle repensait à David Marteens, à son propre rêve, à la vie qui passe si vite, à Jennice qui attendait la retraite pour vivre son rêve…

La voix de Ginette la sortit de sa torpeur.

« Robert a laissé un message pour vous.

— Pour moi ? s'étonna Fannie.

— Oui, pour vous, reprit Ginette. Il voulait vous dire de ne pas vous sentir coupable.

— Coupable ? » s'étonna encore plus Fannie.

Ginette soupira avant d'ajouter : « Vous savez à quoi les docteurs attribuent l'ACV de mon mari ? »

Hésitante, Fannie répondit par la négative.

« Ils ont parlé de stress, de pression et de surmenage. Malgré son état, Robert a immédiatement pensé à vous. Il ne voulait pas que vous vous sentiez responsable de son état. Il vous aimait bien, vous savez. Il me parlait souvent de vous. Il se demandait ce que vous pouviez bien faire dans un bureau alors que vous étiez si talentueuse… »

Au bord des larmes, Fannie remercia Ginette et lui souhaita bonne chance. Elle lui demanda de transmettre à Robert tous ses vœux sincères de rétablissement. Puis, elle raccrocha et pleura silencieusement.

Fannie s'assura que tout le monde était parti avant de quitter le bureau. Elle n'avait pas la force de parler de Robert aux autres. Elle voulait être seule. Sur le chemin du retour, elle s'arrêta au petit bistro qu'elle aimait bien et commanda un léger repas. Elle avait besoin de replacer ses esprits et de décanter les émotions qui l'assaillaient. La vie venait de lui donner une importante leçon, peut-être même un signal d'alarme. Robert avait patienté toute sa vie pour vivre sa passion comme il l'avait toujours souhaité et voilà qu'à quelques semaines de pouvoir le faire, tout s'écroulait pour lui. Elle se demandait comment Robert pouvait se sentir. S'il avait su, aurait-il attendu tout ce temps ? Sûrement pas ! Elle, allait-elle avoir la santé pour vivre son rêve au moment de la retraite ? Elle repensa à David Marteens. Que dirait-il de tout cela ? Probablement qu'il se servirait de l'exemple de Robert pour la motiver à conquérir son rêve.

David Marteens… elle avait été des mois sans vraiment penser à lui. Soudainement, avec l'accident de Robert, elle avait l'impression de le sentir tout près d'elle. Penser à Marteens la ramenait à son rêve.

Après un long, si long hiver, le printemps renaissait en Fannie. Une sève d'espoir coulait à nouveau dans ses rêves.

Tout au long de la semaine, Fannie fut en réflexion. Elle songeait à joindre David pour le revoir, s'il le désirait, bien sûr, car après tout, elle lui avait fait faux bond sans lui donner d'explications. Cela dit, elle ressentait un tel besoin de lui parler, de se nourrir encore de son histoire, de son inspiration. De plus en plus, Fannie voyait son rêve reprendre vie. Malgré la fatigue du travail et l'inquiétude pour l'état de santé de Robert, un enthousiasme retrouvé émanait d'elle. Elle se sentait revivre. Elle voulait reconsidérer sa position vis-à-vis de son avenir. Sûrement que David pourrait l'aider. Elle était décidée à l'appeler dans les prochains jours.

C'est alors qu'un deuxième événement tragique ébranla Fannie.

Un soir, alors qu'elle mangeait en compagnie d'Hugo, Fannie capta une nouvelle au bulletin de dix-huit heures, à la télé qui était restée allumée.

« Une dépêche nous arrive à l'instant… », annonça la lectrice du bulletin.

Instinctivement, Fannie bondit jusqu'au salon, comme si elle pressentait que cette dépêche de dernière minute la concernait.

« … Nous venons tout juste d'apprendre le décès, à 89 ans… »

La gorge de Fannie se noua, tandis qu'Hugo venait la rejoindre devant la télé.

« … du célèbre peintre David Marteens. La dépouille de monsieur Marteens fut retrouvée, il y a quelques heures à peine, dans sa résidence isolée. Tout porte à croire que le décès remonterait à plusieurs jours déjà. David Marteens fut connu du public… »

Fannie n'entendit pas le reste du reportage. Elle était sous le choc. Elle resta pensive devant la télé, qui diffusait des images de Marteens et de sa carrière. Elle ne voulait pas croire que David était mort, pas maintenant, pas alors qu'elle s'apprêtait à le revoir.

Blottie dans les bras d'Hugo, elle pleura longuement. Des pleurs de chagrin, de déception, d'amertume. Hugo comprit qu'il ne pouvait rien faire d'autre que d'étreindre Fannie. Il respecta son silence et pendant de longues, de très longues minutes, il l'écouta pleurer, simplement.

Lorsque les bourgeons éclatent pour devenir des feuilles, souffrent-ils autant que Fannie au cœur de son printemps ?

Chapitre 18

*L*a nouvelle de la mort de David Marteens avait été rapportée par tous les médias du pays, et même au-delà des frontières. La renommée du peintre prenait toute son ampleur avec la tragédie de son décès.

Fannie, toujours sous le choc et envahie par le chagrin, suivit tous les reportages à la télé et lut tous les articles sur la vie du célèbre peintre. Elle avait eu la chance de le connaître personnellement et d'en être inspirée. Elle en était reconnaissante, mais elle s'en voulait terriblement de ne pas avoir passé les derniers mois à ses côtés. Elle ne lui avait donné aucune nouvelle durant tout l'hiver. Elle se jugeait ingrate.

Trois jours après l'annonce de la mort de David Marteens, Fannie reçut un appel.

« Madame Fannie Létourneau ? demanda la voix masculine.

– Oui, c'est moi.

– Ici Marcel Miller de l'*Académie des arts en nature*. Vous vous souvenez de moi ?

– Oui, bien sûr ! Vous êtes le directeur de l'académie, non ?

– Tout à fait, madame Létourneau, et j'étais un ami intime de David Marteens. »

Marcel fit une pause. Intriguée, Fannie lui demanda le but de son appel.

« Quelques semaines avant sa mort, David m'a remis une enveloppe pour vous. Il tenait à ce que je vous la remette seulement après son décès. »

La gorge serrée par l'émotion, Fannie bafouilla.

« Une enveloppe... une enveloppe pour moi ? Vous en êtes sûr ?

– Bien sûr que si ! s'indigna Marcel. D'ailleurs, votre nom est inscrit sur l'enveloppe. »

De nouveau, Fannie hésita et resta silencieuse. David ne l'avait donc pas oubliée. Émue, elle demanda à quel moment elle pouvait passer pour récupérer l'enveloppe.

« Eh bien, c'est la seconde raison de mon appel. David avait demandé à ce que vous assistiez à ses funérailles.

– Moi ? À ses funérailles ?

– Voyez-le comme une invitation privilégiée. David ne tenait pas à des funérailles traditionnelles. Il avait formulé le souhait qu'une cérémonie intime, mais pleine de sens, se tienne ici, à l'*Académie des arts en nature*, en présence de ses cendres, et qu'ensuite les gens se recueillent devant sa pierre tombale quelques instants. Si vous acceptez d'être présente, comme David le souhaitait, vous pourriez récupérer l'enveloppe en même temps.

– J'y serai, dit simplement Fannie en sanglotant.

– Bien ! La cérémonie aura lieu samedi prochain, à dix heures. Au revoir, madame Létourneau. »

Fannie remercia Marcel et raccrocha. De nombreuses émotions lui chaviraient le cœur. Que contenait l'enveloppe que David lui avait laissée ? Le peintre avait eu une pensée pour elle, même si elle sentait l'avoir laissé tomber. Troublée, elle en pleurait, mais en même temps, elle ressentait un sentiment de joie en pensant que David ne l'avait pas oubliée.

Dans une de ses chansons, John Lennon disait que la vie est ce qui nous arrive pendant que l'on est occupé à planifier autre chose[3]. Alors que Fannie essayait de se convaincre qu'elle pouvait être directrice pour le reste de ses jours, la vie lui préparait d'autres plans.

---

3. *Beautiful Boy*, chanson de John Lennon, 1980.

Chapitre 19

Sous un chaud soleil de mai, Fannie arriva à l'académie peu avant dix heures. Le stationnement était presque rempli, ce qui surprit Fannie puisque Marcel avait parlé d'une cérémonie intime.

« Ah! madame Létourneau. Entrez, je vous prie. Il ne manquait plus que vous, l'accueillit Marcel.

– Il y a beaucoup de monde…

– David n'avait plus de famille, mais il comptait de nombreux amis, répondit Marcel. Allez, prenez place. La cérémonie va commencer. »

Fannie s'assit au fond de la grande salle. Elle estima qu'il devait y avoir près de deux cents personnes assistant à la cérémonie. À l'avant, une grande et magnifique photo de David avait été déposée sur un chevalet. Tout près, une urne, contenant les cendres de David, reposait au centre d'un superbe lit de fleurs, sur une petite table de bois. De jolies fleurs de toutes les couleurs s'agençaient dans des pots dispersés minutieusement sur la scène improvisée. Derrière, de nombreux tableaux de Marteens étaient exposés. Une magnifique musique remplissait l'atmosphère, une musique solennelle, mais apaisante. Rien ne laissait transparaître la tristesse, dans ce décor où même le soleil s'invitait par les grandes fenêtres de la salle.

Marcel Miller s'avança jusqu'au lutrin et prit la parole.

« Chers invités, chers amis, nous sommes réunis à la demande de David, qui nous a quittés récemment. David avait lui-même dicté le déroulement de cette cérémonie. Il ne voulait pas d'interminables éloges. Il ne voulait pas non plus que l'on raconte sa vie et sa carrière pendant des heures. Tout le monde connaissait déjà tout cela, disait-il… »

Des rires discrets se firent entendre tout autour de la salle.

« Il tenait plutôt à un partage de vos témoignages. Vous avez tous côtoyé David Marteens et en avez été transformés. Grâce à son

145

inspiration, chacun de vous a poursuivi son rêve et a vécu selon sa passion. Cependant, la plupart d'entre vous ne se connaissent pas. Vous avoir aidés à vivre votre rêve fut pour David la plus belle réussite. C'est ce dont il était le plus fier. Il tenait à vous réunir pour que vous partagiez et célébriez ensemble le bonheur de vivre votre rêve. Ce sera, pour David, la plus belle façon d'honorer sa mémoire. J'invite donc ceux et celles qui le désirent à venir témoigner de leur rêve réalisé. »

Tour à tour, des gens se levèrent, s'approchèrent du lutrin et prirent la parole. Des hommes, des femmes, des jeunes, des gens d'âge mûr, des aînés, des gens de tous les métiers. Il y avait ce jeune mécanicien dont le rêve avait été d'ouvrir son propre atelier de mécanique, ce boulanger qui rêvait d'avoir sa boulangerie bien à lui, cette femme d'affaires qui dirigeait une multinationale, cet écrivain, cet artiste, ce peintre, ce dessinateur de bandes dessinées, cette ornithologue, cette psychologue…

L'éventail de rêves réalisés était hallucinant. Pour tous ces gens, David Marteens avait été l'inspiration pour réussir à vivre leur rêve et leur passion.

Plus de la moitié des personnes présentes prirent la parole. Fannie préféra demeurer discrète. Elle ne se sentait pas la force de dire, devant tous ces gens qui vivaient leur passion, qu'elle avait refusé d'aller de l'avant et de conquérir son rêve. Sans doute les gens l'auraient encouragée, mais elle ressentait trop de regrets pour témoigner de sa rencontre avec David.

Elle comprit pourquoi David tenait à ce qu'elle soit présente à cette cérémonie. Entendre raconter tous ces rêves réalisés lui apportait une dose inimaginable de courage, d'espoir et d'inspiration. Intérieurement, elle remercia David, en essuyant du revers de la main des larmes qui coulaient sur sa joue.

Après que tous ceux qui désiraient témoigner l'eurent fait, Marcel invita les gens à se rendre au cimetière, celui où Fannie s'était déjà rendue avec David.

Un long cortège de voitures se mit en branle et se dirigea jusqu'au cimetière. Les gens se rassemblèrent derrière Marcel, qui les conduisit jusqu'à l'endroit où les cendres de David seraient déposées en terre. Marcel déposa l'urne au fond du trou creusé dans le sol et invita les gens à y jeter une petite poignée de terre, à tour de rôle. Dès qu'ils s'étaient exécutés et qu'ils s'étaient recueillis, les gens reprenaient la route et retournaient à l'académie, où un repas leur était servi.

Fannie, émue et intimidée, s'arrangea pour passer la dernière. Seul Marcel était toujours présent. Fannie se pencha, prit une petite poignée de terre qu'elle jeta dans le trou où reposait l'urne et fit une courte prière à voix basse : « Que Dieu vous bénisse, David. Puissiez-vous me pardonner mon silence des derniers mois. Reposez en paix. Je vous aime. »

Elle ferma les yeux quelques instants. Lorsqu'elle les ouvrit, son regard fut attiré par l'inscription sur la pierre tombale. Contrairement à toutes les autres pierres tombales, quelque chose était inscrit entre les dates de la naissance et de la mort.

DAVID MARTEENS
Peintre
1921 – mon rêve – 2010

Complètement au bas de la pierre tombale, il y avait un dernier message de David :

« Votre existence n'est qu'une brève apparition sur la scène de la vie. Puissiez-vous y jouer votre rôle et donner le meilleur de vous-même. »

Simples, mais percutantes, les inscriptions sur la pierre tombale témoignaient de l'essentiel de la philosophie de David. Entre le début de son existence et la fin, il venait dire à tous ceux qui se recueilleraient dorénavant sur sa tombe qu'il avait vécu son rêve. Par son ultime message, il les inspirerait à en faire autant. Même après sa mort,

David continuerait ainsi à accomplir sa dernière mission : inspirer les gens à vivre leur rêve et leur passion.

Fannie se releva au bout de quelques minutes. Elle se tourna vers Marcel, qui lui sourit gentiment et lui tendit une enveloppe.

« Voici l'enveloppe que David vous a laissée, madame Létourneau. »

Fannie hésita un instant, fixa Marcel, puis elle saisit l'enveloppe.

« Merci, dit-elle simplement.

— David a également laissé quelque chose pour vous à l'académie.

— Ah ? Qu'est-ce que c'est ? demanda Fannie, intriguée.

— Vous verrez, se contenta de répondre Marcel. Prenez votre temps. Revenez à l'académie lorsque vous serez prête. »

Fannie lui sourit et lui serra la main.

« Merci pour tout, dit-elle.

— Exécuter les dernières volontés de mon grand ami David est pour moi un plaisir et un honneur, madame Létourneau. »

Marcel Miller repartit lentement vers sa voiture. Fannie le regarda s'éloigner quelques instants.

Elle chercha un endroit pour s'asseoir et lire la lettre que David lui avait écrite. Elle remarqua un majestueux chêne, non loin de la tombe de David. Un chêne tortueux, mais âgé, comme David lui en avait déjà montré un lors de leur seconde rencontre.

Fannie s'assit au pied de l'arbre, sur l'herbe fraîche. La solitude du cimetière lui était bénéfique. Certes, elle avait apprécié la cérémonie et le témoignage de tous ces gens de différents milieux, mais elle avait besoin d'être seule pour lire la lettre de David.

Elle hésita longuement avant d'ouvrir l'enveloppe. Elle la tenait dans ses mains et la caressait des doigts. Elle aurait tellement aimé que David soit là, avec elle, comme en septembre dernier.

Au bout de plusieurs minutes, elle se décida à ouvrir l'enveloppe et à en retirer une lettre. Elle la déplia et la lut.

Chapitre 20

Lima   Guayaquil Marzo 15. 1823

Mi respetable amigo y Señor:

Por fin ha triunfado la razon; por fin le ha

merecido la libertad a la heroicidad. Congratulo a

V. de todo corazon; ahora si, verdadero está el pays libre

y V. feliz uno y otro lo merecen y solo se puede desear

que miras personales no hayan podido detener la marcha

por un momento.

V. a la cabeza de los negocios del Perú colma

las esperanzas de los verdaderos patriotas, todos su mirada

se dirigen a V. y a la dicha que yo aguardaba... La justi-

ficada plenamente esta confianza será su gran...

Ma très chère Fannie,

Si vous lisez cette lettre, cela signifie que je ne suis plus de ce monde. L'heure de ma sortie de scène était arrivée, simplement et naturellement. Je vous en prie, Fannie, n'en soyez pas triste. Ma vie fut extraordinaire. J'ai accompli tout ce que je désirais, et plus encore. L'errance des premières années de ma vie n'a laissé que bien peu de traces comparativement aux merveilleuses années durant lesquelles j'ai vécu mon rêve et mes passions.

Si vous avez assisté à la cérémonie que j'ai planifiée pour souligner mon départ, vous avez sans doute constaté que j'ai aidé et inspiré des gens de tous les milieux. J'ai contribué, bien humblement, je dois dire, à rendre réels des rêves si différents les uns des autres. Chaque fois, j'ai pris grand plaisir à le faire, croyez-moi. Ces actions me rendent très fier et heureux.

Cependant, de tous ces parcours de vie que j'ai pu influencer, aucun ne ressemblait au mien comme le vôtre. Aucune autre personne n'avait une histoire similaire à la mienne. Personne, à part vous, Fannie. Et je me suis revu en vous. J'ai refait mon propre parcours en assistant au vôtre. Et cela m'a rendu heureux. Soyez-en remerciée, chère Fannie. Du fond du cœur, merci d'avoir croisé ma route. Vous avez été le dernier véritable rayon de soleil dans ma vie.

Avant de devenir un souvenir pour vous, je tenais à vous partager un dernier secret de vie. Un secret qui englobe tout le reste, je pense. Ce secret, c'est l'amour.

L'amour m'a été enseigné par ma conjointe. Je vous avais déjà dit qu'elle m'avait quitté avant que je transforme ma vie. Elle avait eu raison de le faire, car j'étais devenu invivable. Puis, j'ai modifié ma vie, et ma carrière s'est mise en branle. Je n'avais jamais remplacé ma femme. Un tel amour ne se vit pas deux fois, mais la vie me fit une grâce inoubliable. Elle remit ma femme sur mon chemin, sept ans après son départ. Puis, durant les dix années suivantes, jusqu'à son décès, en fait, j'ai partagé la vie de cette femme merveilleuse qui m'apprit à aimer au-delà de ce que je croyais possible.

Elle m'enseigna non seulement l'amour entre deux personnes, mais aussi l'amour de la vie, l'amour de mon art, l'amour de mon talent, l'amour de la nature, l'amour de mes semblables, bref, l'amour, tout simplement.

J'ai appris auprès d'elle que l'amour est une grande force et une énergie unique. Il emprunte différents moyens et différents visages pour se manifester et se déployer, mais il est toujours la même et unique force. Cultivez l'amour, Fannie, l'amour pour tout ce que vous êtes, ce que vous avez, ce que vous faites, pour tous ceux que vous côtoyez. Poussez l'amour à la limite de ce que vous croyez possible, explorez-en les multiples facettes et vous verrez des miracles se produire dans votre vie, car l'amour est la plus grande force d'attraction qui existe. Rien ne se compare à sa puissance.

Aimez, Fannie, et récoltez-en les bontés qui se déverseront sur vous.

C'est le dernier secret que je voulais vous partager avant que je ne sois plus qu'un souvenir.

J'ai laissé quelque chose pour vous à l'académie. Je vous prie de l'accepter. Vous êtes la seule personne à qui je pouvais donner ce présent.

C'est ainsi que se terminent nos entretiens, Fannie. La nuit est tombée sur ma vie. La vôtre est en plein jour. Puissiez-vous avoir le privilège d'en être consciente et d'en profiter pleinement.

Si l'autre vie est telle que je le crois, alors j'applaudirai vos succès et j'admirerai vos œuvres à partir de cette autre dimension.

Bonne chance, Fannie !
Avec toute mon affection…
Votre ami dévoué,
David
Vendredi, le 30 septembre 2010

Fannie fut estomaquée de lire la date à laquelle David avait écrit cette lettre. Il l'avait rédigée le vendredi où elle ne s'était pas rendue à leur rendez-vous. David ne lui faisait aucun reproche, aucune remarque sur le rendez-vous manqué, mais il est évident qu'il avait compris qu'il ne reverrait sans doute jamais Fannie. Il se savait vieux, et Fannie était persuadée qu'il était déjà malade à ce moment-là. Malgré la déception de ne pas revoir Fannie, David avait tenu à lui livrer un dernier message pour l'aider à vivre sa vie de la meilleure façon possible. Et son geste témoignait précisément de son ultime message.

Fannie s'adossa au chêne et porta la lettre à son cœur. Elle la pressa contre elle en pleurant. Le chagrin et la reconnaissance s'entremêlaient, de sorte qu'il était impossible de démêler les larmes de peine de celles de joie. Surtout qu'elles avaient le même goût amer…

Chapitre 21

*F*annie resta près d'une heure adossée au chêne, sous un soleil agréable et réconfortant. Et c'est là, dans un cimetière, que Fannie se sentit plus vivante que jamais.

Elle repensa aux derniers événements. L'ACV de Robert, la mort de David, l'épitaphe et la lettre de ce dernier, tout cela avait conduit Fannie à cet instant précis où, assise sur l'herbe, entre les pierres tombales, elle comprit le sens de sa vie. Elle sut comme jamais auparavant ce qu'elle allait faire dorénavant de son existence. Ce n'était plus un vœu ni un espoir, mais une certitude, comme si tout allait de soi.

Fannie venait de prendre conscience que sa vie lui appartenait et qu'elle pouvait en faire ce qu'elle voulait. Elle n'était plus préoccupée par la réussite, et encore moins par l'argent. Elle avait dépassé la notion « d'avoir », même celle « de faire ». Elle était dorénavant dans « l'être ». Elle serait ce qu'elle rêvait d'être, peu importe le reste. C'est alors qu'une étrange sensation se manifesta en elle, une sorte de certitude, d'apaisement. Elle n'arrivait pas à traduire ce sentiment nouveau. C'était comme si elle avait l'impression d'être sur sa voie, d'être en parfaite harmonie avec sa vie. À mi-voix, elle murmura : « Je rentre à la maison, je reviens chez moi. »

Elle sentit à ce moment une immense paix envahir son cœur. Au creux de cette paix, un sentiment de confiance et de foi en l'avenir prenait vie, un avenir qu'elle pouvait parcourir dans les moindres détails.

Elle resta encore plusieurs minutes dans cet état de pleine conscience. Puis, elle se leva et retourna à l'académie où Marcel l'attendait. La plupart des invités étaient repartis.

Marcel l'accueillit avec un sourire complice. Percevait-il le changement intérieur que Fannie vivait ? Elle le crut.

Il conduisit Fannie jusqu'à une pièce au fond de l'académie. En ouvrant la porte, Fannie découvrit un immense tableau suspendu au mur en face d'elle. C'était une immense fresque hautement colorée et représentant plusieurs scènes différentes.

Fannie regarda Marcel. « C'est à vous. David tenait à vous l'offrir », lui dit-il.

Émue, elle s'avança en comprenant de plus en plus ce qu'était ce tableau. C'était le tableau de vie de David, celui qu'il avait peint avant même que sa carrière débute vraiment.

Admirative devant cette imposante fresque, Fannie prenait plaisir à observer les différentes scènes et à les associer aux événements marquants de la vie du peintre. L'essentiel de ce qu'il avait vécu y était représenté : son œuvre, sa carrière internationale, ses livres, l'académie, ses voyages, la nature, son domaine où il se retirait de plus en plus. Avant même que tout cela ne devienne réalité, David l'avait imaginé et peint. Ça dépassait l'entendement. Elle se retourna vers Marcel qui dodelinait de la tête comme pour lui dire : « Oui, c'est vrai ! »

Fannie contempla de nouveau la fresque et nota la signature de David : « David Marteens, peintre, 1971. »

« David m'a fait promettre de vous le remettre, dit Marcel, en précisant que vous étiez libre d'en faire ce que vous voulez. »

Une autre voix s'interposa. « Je vous offre 250 000 $ sur-le-champ si vous voulez me la vendre. »

Fannie se retourna. Un homme aux cheveux grisonnants se tenait dans l'embrasure de la porte. Indiscret, il avait suivi Fannie et Marcel et avait assisté silencieusement à la découverte du tableau de vie de David Marteens, que personne n'avait vu jusqu'ici.

Fannie regarda l'homme et le reconnut. Il était l'un des invités qui avait raconté son histoire auparavant. C'était un riche entrepreneur dans le domaine de l'immobilier.

« Elle vaut au moins le double, et peut-être même le triple ou le quadruple, objecta Marcel en s'adressant à Fannie.

— Alors, je vous en offre 500 000 $ », rétorqua l'homme sans hésiter.

Fannie regarda Marcel, puis la fresque. Pendant un instant, elle songea à la somme fabuleuse qu'on lui proposait et à tout ce qu'elle pourrait faire avec autant d'argent. Rapidement, elle se ressaisit.

Elle se tourna vers le riche promoteur.

« Ce tableau m'a été donné et il n'est pas à vendre. Je désire qu'il soit exposé ici, à l'académie, dans la grande salle, afin qu'il soit une source d'inspiration pour tous ceux qui en auront besoin. Cette fresque est le testament visuel de David Marteens. Il servira de motivation aux générations qui suivront et il témoignera de la grandeur d'homme qu'était David. Ce tableau appartient au monde entier ; je n'en suis que la gardienne. »

Dérouté et contrarié, l'homme tenta une dernière tentative.

« Dites-moi quel est votre prix ?

— Ce tableau n'a pas de prix, monsieur. David Marteens m'a redonné vie, il m'a enseigné le véritable sens de l'existence. Ça vaut infiniment plus que l'argent. Ce tableau pourra aider d'autres personnes de la même façon. »

Fannie se tourna vers Marcel, qui était tout sourire et fier.

« Marcel, si vous êtes d'accord, je voudrais que l'histoire de ce tableau soit inscrite sur un écriteau qui serait placé à côté de la fresque afin que les gens en comprennent tout le sens. Ce pourrait être la pièce majeure d'un musée sur David.

— C'est une excellente idée, madame Létourneau, approuva Marcel.

— Dommage, abdiqua l'entrepreneur. Voici ma carte, au cas où vous changeriez d'avis. »

Il remit sa carte professionnelle à Fannie puis quitta la pièce.

Marcel donna l'accolade à Fannie.

« Bravo, madame Létourneau. David avait vu juste en vous remettant ce tableau. Il serait fier de vous. »

Fannie sourit à Marcel. Elle regarda une dernière fois le tableau puis quitta l'académie.

Sur le chemin du retour, elle s'arrêta à la boutique de matériel d'artiste et fit préparer la plus grande toile vierge qu'il était possible d'avoir. Puis, elle rentra à la maison et monta directement à son atelier pour peindre toutes les scènes de son avenir qu'elle avait si clairement imaginées, assise au cimetière.

Chapitre 22

Plus rien ne pouvait arrêter Fannie. Elle ressortit, du coffre où elle l'avait rangé, le plan d'action qu'elle avait préparé l'année précédente et elle l'expliqua en détail à Hugo. Elle présenta le pire des scénarios et lui démontra qu'elle s'en sortirait tout de même. Puis, elle lui montra un scénario plus optimiste et lui fit valoir les possibilités qui seraient susceptibles de se présenter.

Surtout, elle lui parla longuement de ce qu'elle ressentait intérieurement. Elle lui partagea la vision de la vie que David Marteens lui avait transmise.

Ils discutèrent ensemble toute la journée de dimanche. Graduellement, Hugo abondait dans le même sens que Fannie. Elle et lui échafaudèrent de nouveaux plans et trouvèrent de nouvelles façons d'économiser de l'argent. Hugo manifesta de plus en plus d'intérêt dans la démarche de Fannie. Bientôt, il finit par avouer à Fannie qu'il souhaitait lui aussi réaliser son rêve.

L'assurance et la certitude que Fannie démontrait avaient transformé les craintes d'Hugo en désirs. Ensemble, ils développèrent un nouveau plan qui incluait dorénavant une option pour le rêve d'Hugo.

Ce soir-là, ils se couchèrent confiants, heureux et débordants d'enthousiasme. Leur vie venait de changer définitivement.

🍃 🍃 🍃

Au cours des mois suivants, Fannie et Hugo s'en tinrent à leur plan. Hugo vendit son auto, tandis que Fannie échangea son camion pour une plus petite voiture, plus économique à l'achat et à l'utilisation. Ils annulèrent des projets de vacances, réduisirent les dépenses de sorties et d'achats impulsifs et se contentèrent d'un budget plus serré et modeste. Entre-temps, ils économisaient de l'argent pour leurs projets.

Fannie peignait toutes les fins de semaine, tandis qu'Hugo cherchait à dénicher de vieilles bagnoles à bas prix à travers les annonces et en faisant la tournée des fermes environnantes. Tous les deux continuaient à travailler, mais leur optique avait changé. Professionnels et responsables, ils donnaient un rendement très satisfaisant, mais ils évitaient le stress.

Les jours passèrent ainsi. L'été fit place à l'automne, délogé à son tour par l'hiver. À plusieurs reprises, Fannie se rendit à l'académie, autant pour voir Marcel et discuter avec lui que pour se ressourcer devant le tableau de vie de David. Elle aida aussi à la mise sur pied d'un musée consacré à David et qui devait ouvrir au public au cours de l'année suivante.

Fannie se recueillit aussi à plusieurs reprises sur la tombe de David au cimetière. En fait, chaque fois qu'un de ses pinceaux devenait trop usé et inutilisable, elle allait le déposer devant la pierre tombale de David. Pour elle, c'était une façon de se motiver et de démontrer à David qu'elle avançait vers son rêve.

Bientôt, un nouveau printemps s'empara du calendrier. Avril, avec toutes ses promesses de fleurs, de chaleur, de soleil et de vie, effaça toute trace de l'hiver.

Puis, c'est par un beau matin d'avril que Fannie remit sa démission à madame Johansen. Cette dernière lui fit des reproches et la sermonna, lui précisant du coup qu'elle ne pourrait revenir dans l'entreprise, mais Fannie lui répondit simplement et calmement qu'elle n'avait aucune intention de revenir, de toute façon.

Puis, Fannie annonça la nouvelle aux gens des équipes qu'elle dirigeait. À sa grande surprise, plusieurs personnes se levèrent et se mirent à l'applaudir. D'autres les imitèrent et bientôt ils étaient plus de quarante personnes à l'applaudir. Touchée, Fannie les remercia chaleureusement.

Puis, elle sortit de la salle pour retrouver Jennice, qui n'avait pas assisté aux applaudissements. Fannie tenta de s'ouvrir à Jennice et de lui parler de son plan d'action, mais Jennice ne lui en laissa guère le temps. Elle l'accabla plutôt de bêtises en lui mentionnant au passage qu'elle venait de faire la gaffe de sa vie et qu'elle regretterait bientôt cette stupide décision prise à la légère. Elle n'hésita pas à ajouter qu'elle, elle relèverait le défi de ce poste comme la direction l'espérait et qu'elle monterait encore plus haut dans la hiérarchie de l'organisation, s'assurant ainsi une retraite dorée pour faire ce qu'elle voulait faire.

Mais rien ne pouvait plus ébranler Fannie. Elle se contenta de lui souhaiter bonne chance, sans plus.

En fin de journée, Fannie démissionnait une fois pour toutes de l'entreprise. Elle se sentait libre et légère. Elle se sentait bien, merveilleusement bien. Elle venait de naître à la vie une seconde fois.

Sa destinée s'accomplissait.

Épilogue

*N*euf ans plus tard.

« Madame Létourneau, parlez-nous de votre exposition au Japon…

– Madame Létourneau, est-ce vrai que le Canada offrira dix de vos tableaux à des dignitaires étrangers lors du prochain sommet économique ?

– Madame Létourneau, selon votre éditeur, votre livre regroupant plusieurs de vos toiles est déjà un immense succès ici et il sera bientôt traduit et édité en plusieurs langues. Quel effet cela vous fait-il ? »

Fannie était bombardée de questions des journalistes, qui se pressaient autour d'elle lors de l'inauguration de sa toute dernière exposition au Musée des Beaux-Arts du Québec.

Patiente et heureuse, Fannie répondait à toutes les questions avec l'assurance de quelqu'un qui a réussi. Et elle avait vraiment réussi. Sa carrière était à son apogée. Elle savourait son succès. Elle rayonnait de bonheur, tout comme Hugo, devenu lui-même un grand collectionneur de voitures anciennes.

Après avoir répondu à toutes les questions, Fannie se plia de bonne grâce à une longue séance de dédicace de son livre.

Lorsque la dernière personne de la file déposa son livre devant Fannie, celle-ci demanda machinalement, sans regarder la personne, à quel nom elle devait dédicacer le livre.

« À Jennice », répondit la voix.

Surprise, Fannie leva les yeux. Devant elle se tenait son amie Jennice, qu'elle n'avait pas revue depuis son départ de l'entreprise. Affichant un sourire timide, Jennice toucha nerveusement la main de Fannie. Sans hésiter, Fannie bondit de son siège et enlaça Jennice.

« Jennice, je suis si heureuse de te revoir. Comme tu m'as manqué…

– Et moi donc… ».

Jennice avait beaucoup vieilli. Elle était amaigrie et pâle. Elle avait les traits tirés. Inquiète, Fannie s'enquit de sa santé.

« Je me relève d'un épuisement professionnel, dit Jennice, mais je prends du mieux.

– J'en suis désolée. »

Jennice baissa les yeux puis les releva et fixa Fannie.

« Fannie, c'est toi qui avais raison. Je m'excuse. »

Fannie lui sourit avec tendresse.

« Ne t'en fais pas. Je comprends, Jennice. »

Jennice éclata en sanglots.

« Je suis tellement malheureuse, Fannie, alors que toi, tu sembles si heureuse. S'il te plaît, dis-moi comment faire, dis-moi comment changer ma vie, je t'en prie. »

Fannie regarda Jennice et se revit au moment où elle avait fait la même demande à David Marteens. La réponse de David lui revint en tête. C'était la seule réponse qu'elle pouvait donner à son tour à son amie : « Jennice, je ne peux te dire ce que tu dois faire, mais je peux te raconter mon histoire, en espérant qu'elle puisse t'inspirer à changer ta vie. »

Les deux amies s'enlacèrent de nouveau, en partageant des larmes de joie et d'émotion.

Jennice faisait ses premiers pas dans sa nouvelle destinée. Fannie, quant à elle, venait de donner un second sens à sa destinée, celui d'inspirer les autres à vivre leurs rêves à leur tour, comme David Marteens l'avait fait pour elle, dix ans plus tôt.

Et vous,
quel est
votre rêve ?

Remerciements

Par leurs paroles et leurs visions, par leurs écrits et leur sagesse, par leur amour et leur amitié, par leur vie et leurs rêves, de nombreuses personnes m'ont inspiré et m'ont aidé à façonner ma pensée, à bâtir mes rêves et à créer ma vie telle que je la souhaitais. Je leur en suis très reconnaissant.

La liste deviendrait beaucoup trop longue si je devais nommer chacune de ces personnes, mais je m'en voudrais de ne pas au moins mentionner celles-ci : Marie-Chantal Martineau, Pierre St-Martin, Christine Michaud, Richard Bach, John P. Strelecky, Peter Roche de Coppens, Patty Harpenau et Raymond Fortin. Du fond du cœur, je leur dis merci.

Je remercie aussi Jenny Verreault. Comme j'écris à la main – rien ne vaut la sensation du crayon noircissant les pages de mots –, Jenny a bienveillamment retapé tout mon texte. Elle fut ainsi ma première lectrice.

Je remercie également Marjorie Patry pour la magnifique mise en pages de ce livre, ainsi que Michèle Blais d'avoir si souvent trouvé les mots justes.

Merci enfin à Sonia Marois, pour la dernière petite dose de motivation qu'il me manquait.

Pour rejoindre l'auteur, vous êtes invité à écrire à l'adresse courriel suivante :

alainwilliamson@dauphinblanc.com

ou à l'adresse postale suivante :

Alain Williamson
Éditions Le Dauphin Blanc
825 boul. Lebourgneuf,
bureau 125
Québec, Qc, Canada
G2J 0B9

Marquis imprimeur inc.

Québec, Canada

2012